青森縄文王国

新潮社編

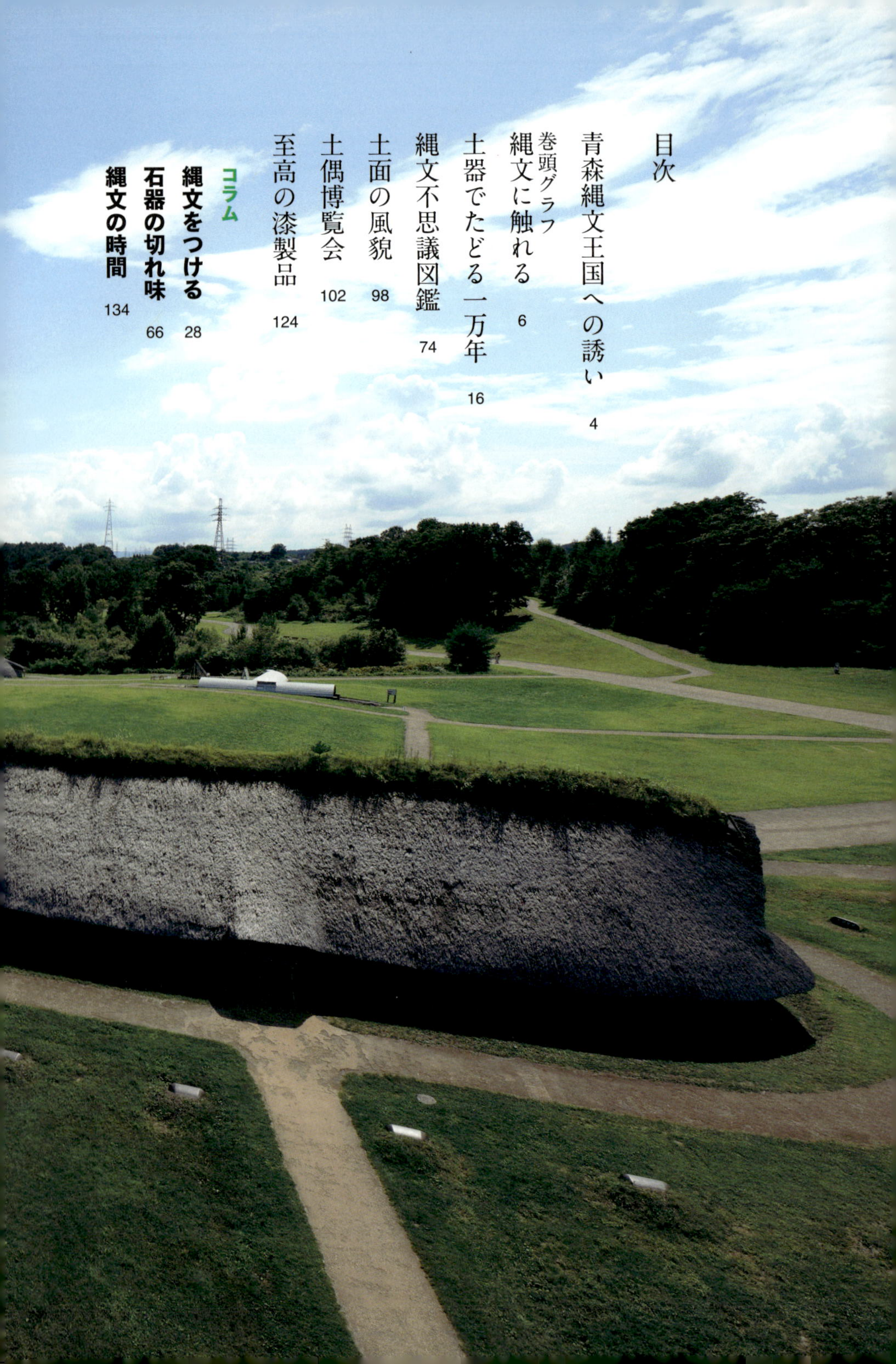

目次

遺跡巡り

三内丸山遺跡、六本柱の大型掘立柱建物の上からの眺め。

青森縄文王国への誘い

本書は青森県の縄文文化について紹介する本です。日本全国の縄文文化を総覧する本は、今までにもたくさん刊行されています。なぜ青森県だけに限定したのか――それは今、青森県を中心とした北海道から北東北地方の縄文遺跡を世界遺産に登録しようという取り組みが進められており、その一翼を担う本として編集したことが大きな理由です。

世界遺産登録に向けて青森県は、県のホームページを始め、さまざまなメディアを通じて情報を発信し、ＰＲ活動を展開しています。本書の刊行もその一環です。

さて、取材にあたり、県内の主要な遺跡、博物館などを巡る中で、同じように青森県の縄文遺跡だけをとりあげた、さまざまな資料書籍、あるいは新聞や雑誌、ウェブ上に掲載された記事、連載などに出会いました。どれもとても面白かったのですが、逆にこれだけの本や資料がすでに刊行されている中で、同じような内容のものを作っても意味がない。最初にそのことを痛感しました。

一方で、博物館など展示施設で出会った土器、土偶、石器など出土遺物の数々には、本当に圧倒されました。美しさ、力強さ、そして奇妙さ……しかし、その魅力は必ずしも既存のメディアでは十分に伝えられているとは思えなかったことも事実です。考古学的な解説、資料としての写真図版は、入門編から専門書まで、もう十分にそろっている。それらの本では伝えきれていない縄文の魅力を伝えたい。それがこの本のスタート地点です。

本書が目指したのは、ひとつの土器、一体の土偶のもつ魅力を、資料としてではなく、美術品のように美しくお見せすること。と同時に、ひとつひとつの遺物に秘められた物語を読み取って、表現したいと考えました。したがって、選んだものも、写真の撮り方も、並べ方も、添えた文章の書き方も、考古学的な見地からすると、非常に中途半端に思われるかもしれません。お伝えしたいのは、資料的な位置づけや、最新の研究成果のことではなく、学術的な背景をすっ飛ばしても、人を魅了せずにはおかない〝ものの力〟。編集部が初めてその〝もの〟に出会ったときに感じたストレートな感動が原点です。「縄文時代」とか「縄文人」とひとくくりにしてしまうと、なんだか類型化され、データベース化された「過去の情報」になってしまうのですが、そうではなくて、一つの土器には一人の作り手が必ず存在して、別の土器には別の作り手がいたのだということを、強く感じました。もちろん、何千年、あるいは一万年以上も昔に生きた遠き人々ではありますが、土器にきれいな文様をつけたいだとか、よく切れる石器を作りたいだとか、そんなふうに考えた一人の職人、一人のデザイナーと対峙するつもりで、つまり縄文人という漠然とした存在ではなく、一人の人間と会話するつもりでものを見てまわりました。

　文中にたくさんの固有名詞が出てきます。みなさん、取材の折にお世話になった方々です。文中で細かな説明をしていないので、お名前を列挙させていただきます。

岡田康博さん　青森県教育庁参事　文化財保護課長事務取扱
茅野嘉雄さん　青森県教育庁文化財保護課　三内丸山遺跡保存活用推進室
永嶋豊さん　同
岩田安之さん　同
濱松優介さん　同
中村哲也さん　青森県立郷土館学芸課
伊藤由美子さん　同
児玉大成さん　青森市教育委員会事務局文化財課
葛西義人さん　同
小笠原善範さん　八戸市博物館副館長
小久保拓也さん　八戸市埋蔵文化財センター　是川縄文館
杉山陽亮さん　同
榊原滋高さん　五所川原市教育委員会　十三湊発掘調査室

ご協力いただいた皆様から、現場で聞いた話を軸に、文章を構成しています。

　さあ、驚きと感動、不思議な謎に満ちた青森縄文ワールドへ、ごいっしょしましょう。

編集部

巻頭グラフ

縄文に触れる

最初にお見せしたいのは、「手形付土版」「足形付土版」と呼ばれるものです。ここに紹介したのは、六ヶ所村の大石平《おおいしたい》遺跡から出た完品で、青森県立郷土館の所蔵。10センチ弱の小判形の粘土板に、幼児の手形、足形を押して焼いた、いわば〝陶板〟です。本来は上下が逆さまで、手首や踵の側に紐を通す穴があいており、どこかにぶら下げていたようです。

手形、足形は青森県内各所から出土しており、青森市森林博物館にも小牧野遺跡出土のものが展示されていました。それは、この写真のようにきれいなものではなくて、ちょっと見ただけではわからないくらい、かすかな指跡しか残っておらず、しかも大きく欠けて半分くらいしか原形を止めていなかったのです。しかし……

「ちょっと手に載せてみてください」

青森市教育委員会の児玉大成さんが、展示ケースからその破片を取り出して、てのひらに載せてくれました。

「裏側にも少し凹凸があるでしょう」

表側の小さな指跡に気を取られていたので、最初はなんのことだかわかりませんでした。

「くぼみに指が重なりませんか?」

角度を変えてみたら、裏側の、視覚的には判別できないほどの凹凸に、自分の指がふわっとなじみました。

「これはね、たぶん手形を取ったときの、お母さんの指の跡じゃないかな」

まだ乾いていない粘土版を左のてのひらに載っけて、幼子の手を右手で支えながら、そっと押し付ける。そのとき、表には子供の手形が、裏にはお母さんの指形が残った——そんな場面を思い浮かべてみました。そのお母さんのものかもしれない指のくぼみが、自分の指にぴったり重ね合わさった瞬間、母の手のぬくもりと、小さな子供の指先のやわらかさが自然に感じられ、「ああ、人間の手の跡だ」と感じられたのです。

土器も土偶も石器も同じこと。みんな、一人の生身《なまみ》の人間の手によって作り出されたものだということが、この時、すんなりと実感できました。以来、出土遺物を見る目が、まったく変わっていきました。土器の表面に押された縄目の一つ一つにも、刻まれた線刻の一筋にも、人間の体温と情熱を感じるようになったのです。

さあ、まずはそんな縄文人たちの体温を感じられる逸品をご覧下さい。

母子の体温

← p80

《手形付土版》《足形付土版》
六ヶ所村大石平遺跡　後期
長8.8　8.6cm　青森県立郷土館

土器の乳房

← p22

《尖底土器》 八戸市田面木平（1）遺跡　早期　高 43.6cm　八戸市博物館

土器の顔

p26

《顔面把手付土器》　八戸市石手洗遺跡　中期　高 48cm　八戸市博物館

縄文動物園

［右から］
《イノシシ（オオカミ）形土製品》 八戸市韮窪遺跡　後期　高 4.7cm
青森県埋蔵文化財調査センター所蔵／青森県立郷土館
《クマ形土製品》 青森市三内丸山（6）遺跡　後期　高 2.6cm　青森県埋蔵文化財調査センター所蔵／青森県立郷土館
《クマ形土製品》 青森市三内丸山（6）遺跡　後期　高8.2cm　青森県埋蔵文化財調査センター所蔵／青森県立郷土館

p82

［右から］
《クマ形土製品》　弘前市尾上山遺跡　晩期　高 8.3cm　風韻堂コレクション／青森県立郷土館
《イノシシ形土製品》　八戸市長久保（2）遺跡　中期　高 1.8cm
青森県埋蔵文化財調査センター所蔵／青森県立郷土館
《イヌ形土製品》　青森市朝日山（2）遺跡　晩期　高 1.8cm　青森県埋蔵文化財調査センター所蔵／青森県立郷土館

何を祈る？

何を想う?

←p112

［右］《合掌土偶》　八戸市風張（1）遺跡　後期　高 19.8cm　八戸市埋蔵文化財センター　是川縄文館
［左］《頬杖土偶》　八戸市風張（1）遺跡　後期　高 14.1cm　八戸市埋蔵文化財センター　是川縄文館

縄文の精華

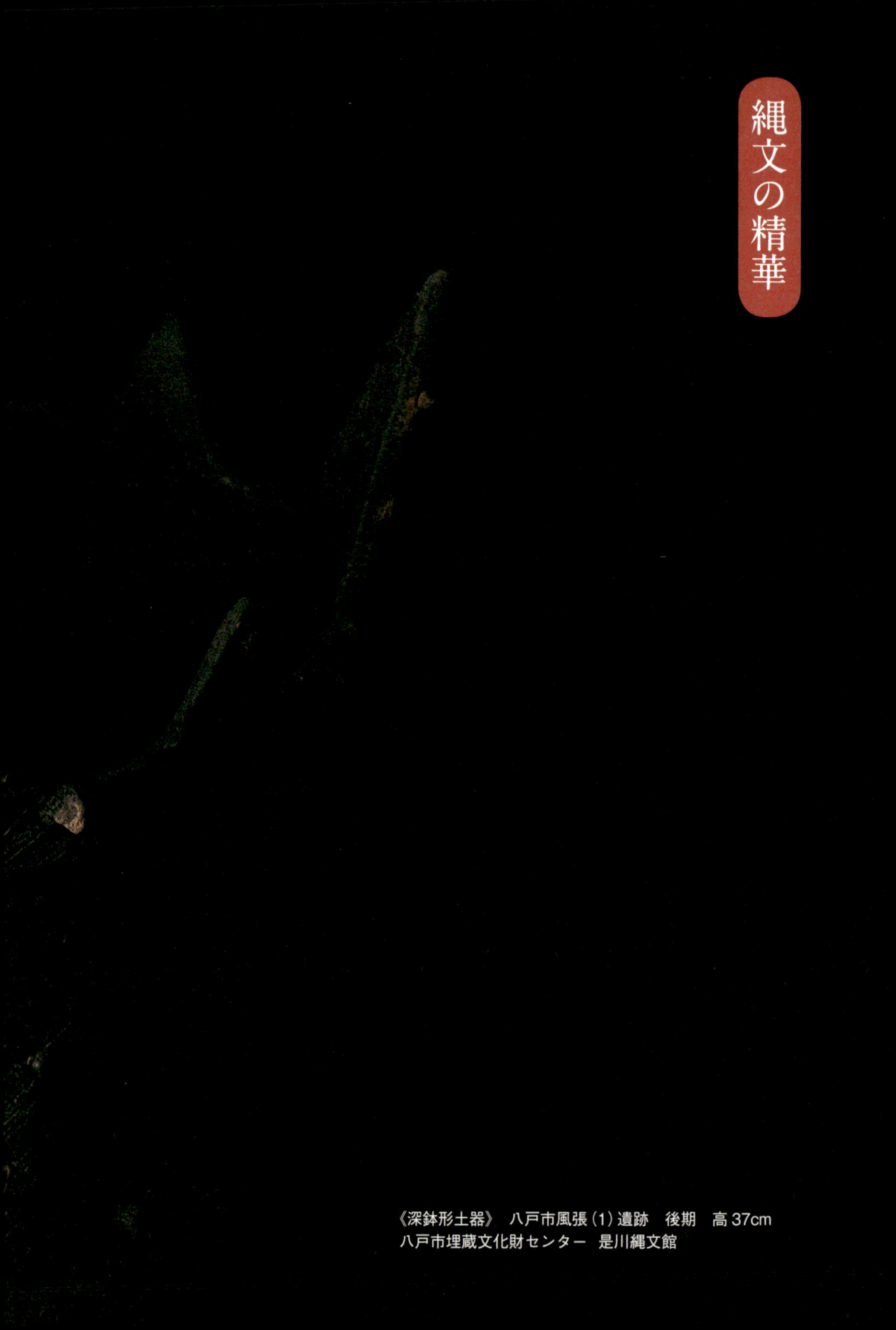

《深鉢形土器》　八戸市風張（1）遺跡　後期　高 37cm
八戸市埋蔵文化財センター　是川縄文館

p40

土器でたどる一万年

さて、「縄文時代」とひとくくりに言いますが、その時期は今からおよそ一万五千年前〜二千四百年前までの、一万年間あまりという、とてつもなく長い時代です。弥生時代が始まったのが、二千四百年前。ということは、弥生時代から現代までの、四倍以上の長い時間をひとくくりに「縄文時代」と位置づけているわけです。

では、なにをもって縄文時代の初めとし、終焉とするのか？　青森県文化財保護課長、岡田康博さんに解説していただきました。

縄文の始まりについては、諸説あるようで、なにを基準とするかによって、当然違ってくるわけですが、岡田さんは「土器の出現」とする説をとっています。

「これまでは、その始まりは約一万二千〜一万三千年前としてきましたが、最新の高精度年代測定によると、約一万五千年前とされています。これは始まりが遡ったのではなく、実際の暦年代に近づいたものと言えます」

本書では、この年代を用いることにします。

実は、日本最古の土器は、青森県から出土しています。津軽半島の真ん中、外ヶ浜の山中にある大平山元《おおだいやまもと》Ｉ遺跡から出土した土器片は、科学的な年代測定の結果、一万五千年前のものであることがわかっています。

一方、その終焉については、はっきりしています。稲作が行われているか、否か。稲作の導入とともに縄文時代は終わりを告げ、弥生時代が始まるというわけです。

しかし、東北地方の縄文時代晩期から弥生時代の土器とされるものを見ていると、関東以西で見るような、はっきりとした境目はなさそうです。弥生土器というと、縄目文様のない、つるっとした器肌を思い浮かべますが、東北地方では、とてもゆるやかに、土器は変遷していったようです。

ともあれ、草創期から晩期まで、青森県内には各時代の遺跡が点在し、特に三内丸山遺跡を中心とする円筒土器文化圏と、亀ヶ岡石器時代遺跡や是川中居遺跡に代表される亀ヶ岡文化圏という、日本の縄文時代を代表する大きな文化が営まれていたのです。

青森は〝みちのく〟ではなく、まちがいなくこの時代の中心に位置していました。

年前	紀年・世界	時代	時期	遺跡
		旧石器時代		
15000年前	BC13000	縄文時代	草創期	◉大平山元Ⅰ遺跡
14000年前	BC12000	縄文時代	草創期	
13000年前	BC11000	縄文時代	草創期	
12000年前	BC10000	縄文時代	草創期	
11000年前	BC9000	縄文時代	草創期	
10000年前	BC8000	縄文時代	草創期	
9000年前	BC7000	縄文時代	早期	
8000年前	BC6000	縄文時代	早期	
7000年前	BC5000	縄文時代	早期	
6000年前	黄河・長江文明 BC4000	縄文時代	早期／前期	◉長七谷地貝塚
5000年前	メソポタミア文明 エジプト文明 BC3000 インダス文明	縄文時代	前期／中期	三内丸山遺跡 ◉二ツ森貝塚 ◉田小屋野貝塚 ◉是川一王寺遺跡
4000年前	クレタ文明 BC2000 中国／殷王朝	縄文時代	中期／後期	◉是川堀田遺跡 ◉小牧野遺跡
3000年前	モーゼ出エジプト BC1000	縄文時代	後期／晩期	◉風張（1）遺跡 ◉是川中居遺跡 ◉大森勝山遺跡 ◉亀ヶ岡石器時代遺跡
2400年前 2000年前 1700年前	ローマ、半島統一 0	弥生時代		
		古墳時代		

《無文土器片》 外ヶ浜町大平山元Ⅰ遺跡 草創期 青森県立郷土館

縄文時代の幕開け

上の写真が、日本最古の土器。「日本に縄文時代の幕開けを告げる重要な土器です」(岡田康博さん)

出土地は、津軽半島、外ヶ浜の大平山元Ⅰ遺跡。旧石器時代終末期の遺跡と考えられていたこの地から、土器が発見されたのです。今から一万五千年前に作られたと見られています。

これらの土器片には、炭化物がついていたり、被熱の跡が残っており、煮炊きに使用されていたことが明らかだといいます。

青森県立郷土館で、撮影のためにこの土器片を並べていたら、学芸員の伊藤由美子さんが「こうしたほうがわかりやすいですよ」と、

《爪形文土器片》　八戸市鴨平（2）遺跡　草創期　長 2.5 ～ 3.5cm
青森県埋蔵文化財調査センター所蔵／青森県立郷土館

写真のように並べ替えてくれました。上二段は口縁部。三段目は胴体部分、下のひとつは底の部分だそうです。この土器は、底が尖ったものではなく、平底であったといわれています。

　どの破片にも縄文はおろか、なんの文様もついておらず、「無文土器」と呼ばれています。

「縄文時代」と大きなくくりにはなっていますが、草創期の初期の土器には縄文がついていません。現在までに確認されている最初の文様は、粘土の紐を貼り付けた「隆起線文《りゅうきせんもん》土器」（次頁）。

　上の写真は、その次の段階と言われている「爪形文《つめがたもん》土器」です。人の爪を押し付けたような文様が、規則的に器面を覆っています。いずれも縄文時代草創期のものです。

創造の喜び

この底の尖った土器は、縄文時代草創期の、六ヶ所村表館《おもてだて》（1）遺跡から出土したもの。無文土器の次、爪形文土器の前に出現した「隆起線文土器」の代表作と言えます。

横方向に走る縞模様は、粘土の紐を貼り付けたもの。それだけでも大変な作業なのですが、口縁部の下の五本の縞は等間隔で波打たせてあります。口縁部にも、まるで撚《よ》り紐《ひも》のようにも見える凹凸が、丁寧に刻まれています。

この土器にも、明らかな煮炊きの跡が残っている、と岡田康博さんは言います。そして、この凝った文様について、「土器は身近にある粘土という素材を使って、好きなように大きさや形、文様も決められます。そこに、創造する喜びが

《隆起線文土器》　六ヶ所村表館（1）遺跡　草創期　高 30.5cm　青森県立郷土館

生まれたのです。やがてこうした土器作りは、地域的な特徴を持ち始め、共通する〝流儀〟をもった土器が分布する文化圏のようなものができていったのです」

（岡田さん）

確かに、単なる道具なら、これほど複雑な文様など必要ないでしょう。後の火《か》焰《えん》土器や亀ヶ岡式土器のような華麗な装飾につながる縄文人たちの造形センスは、土器が出現してまもなく（といっても千年単位ですが）に早くも萌芽し、洗練されていったのです。

身近な道具を装飾する――機能のことだけ考えると、時間も手間もかかる作業に、一心に取り組む人々の姿が思い浮かびます。一万年も前の人間に芽生えた「飾らずにはいられない」という人間の〝性《さが》〟が、やがて芸術と呼ばれる営みに進化していくことになったのでしょう。

底に隠された乳房

草創期～早期の縄文土器には、底の尖った形のものが多く見られます。「尖底《せんてい》土器」と呼ばれています。なぜ、底を平らにして、自立する形にしなかったのか？　穴を掘って立てていた、炉に挿して加熱していた、など、その理由はいろいろ考えられます。

ここに紹介したのは、八戸市の田面木《たものき》平《たい》（1）遺跡（早期）から出土したものです。底が尖っていて自立しないので、八戸市博物館の展示ケースの中では、専用のアクリル製展示台を設えてありました。口縁部に四つの耳が突き出していて、面白い形なのですが、土器全体の表面をダイナミックに覆う文様もなかなか見事です。

「下の方は普通の沈線《ちんせん》ですが、上は押引《おしび》き文で描かれています。北日本特有の手法です。一見、不規則な文様に見えますが、展開図を描いてみると、見事に計算された文様であることがわかります。一周してつなぐところで、ちょっと調整しているんですよ。それはともかく……」

と、八戸市博物館の小笠原善範さんは、土器を台から引き抜いて、ごろっと寝かせて見せてくれました。

「この角度から見ると、先に突起があるのが見えるでしょう。乳首みたいな……」

たしかに丸い、小さな突起が底にぽつんとついています。そして、このふくよかな丸みといったら……もう、おっぱい以外の何ものにも見えなくなってしまいました。

展示ケースの外から見ていた時には、こんなところに〝乳房〟が隠されているなんて、考えてもみませんでした。

こうした突起は、他の地方の尖底土器にも例があるそうですが、この突起自体に機能的な意味があるのか、あるいは本当に乳房を象《かたど》ったものなのか。思わぬところから現われた〝乳房〟に、しばし見とれてしまいました。

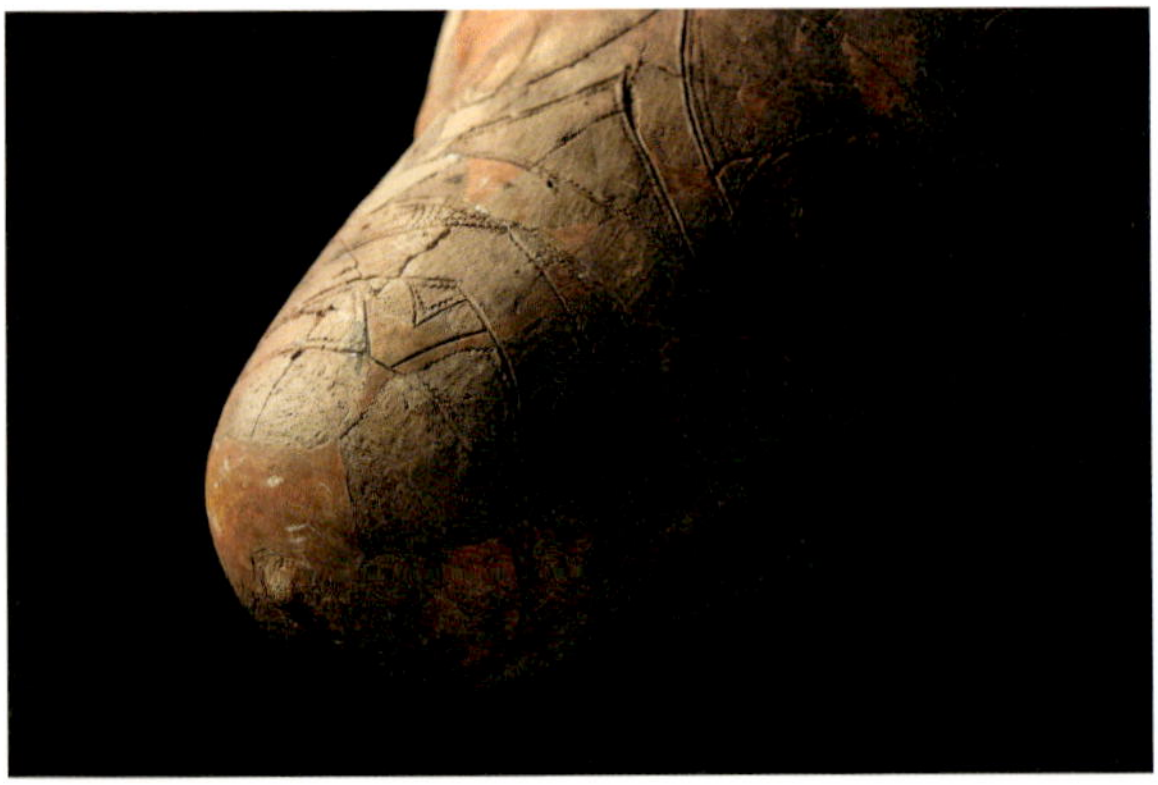

《尖底土器》　八戸市田面木平（1）遺跡　早期　高 43.6cm　八戸市博物館

縄文は語る

いよいよ「縄文」の登場です。先に紹介した隆起線文や爪形文の土器には、「縄文時代」の土器でありながら、縄目文様は付いていませんでした。その後、今から一万年くらい前には、たとえば八戸市櫛引遺跡出土の土器のように、縄文を施した土器が出現します。そして、六千年前頃から始まる前期に入ると、ほとんどの土器の表面に「縄文」が施されるようになります。

左に紹介したのは、三内丸山遺跡出土の「円筒下層式《えんとうかそうしき》土器」。「円筒土器」が出土するのは、青森県を中心に北海道南部から東北地方北部に広がる地域で、縄文時代前期から中期にかけて、一大文化圏を形成していました。三内丸山遺跡はその代表的な遺跡で、前期から中期にわたり約千五百年間も続いたのですが、この間、前期には「円筒下層式」、中期には「円筒上層式《えんとうじょうそうしき》」と分類された土器の変遷が見られます。

写真の土器は、典型的な「円筒下層式土器」のひとつで、バケツをそのまま上下に引き延ばしたような形状、胴体には縄文がびっしりとつけられています。

「円筒下層式は、この単純な筒形の形と、縄目の文様の多様さが特徴です。縄目の文様は七十種類ほど確認されているんですよ。これは現在わかっている縄目文様の八割に相当します」(三内丸山遺跡の茅野嘉雄さん)

茅野さんによると、この時期の縄文は、上部と下部で違う文様を描き分けていることが多いのだそうです。また隆起線や沈線による文様は少なく、縄文だけで装飾されているものがほとんどだとのこと。

一見、串のようなもので削って描いたように見える文様も、よく見ると規則的に押しつけた縄文であることがわかります。この土器の上部の格子文様もしかり。いったいどのようにして描いたのでしょうか?

「下の方は、単純に撚《よ》った紐(縄)をころがしたものです。上の格子文様は、『絡条体《らくじょうたい》』という、撚った紐を軸棒に巻きつけたものを転がして描きます。描かれた文様を見ると、その土地の伝統と言うか、地域差がはっきりしていて、逆にそこから地域間の交流の様子もわかるんです」(茅野さん)

縄文はとても雄弁なのだ。

《円筒下層式土器》　青森市三内丸山遺跡　前期　高 56cm
青森県立郷土館所蔵／さんまるミュージアム

「縄文時代前期、様々な縄目の文様を考案したのは、東北地方の縄文人たちなんです。器形が単純なだけに、複雑な縄目文様を考案することになったのだと思います」

そう語るのは、八戸市博物館の小笠原さん。縄目は、東北の縄文人たちの技術の高さ、そして創造力の豊かさもまた、雄弁に語ってくれます。

土器は母胎である

展示ケースの中から、「やあ！」と声をかけられたような気がしました。八戸市石手洗遺跡（中期）出土の「顔面把手付土器」。顔面のついた土器は他にも例がありますが、完全な形に復元できたのはとても珍しいそうです。

幼児のいたずら書きみたいに単純化された愛らしい人の顔が、土器の口縁から突き出した四つの耳の内側に描かれています。四人をつなぐ口縁のカーブが、まるで仲良く肩を組んでいるようにも見えます。

この飄々とした顔にばかり目が吸い寄せられてしまうのですが、胴体を覆う縄目の上に、凸線で描かれた文様も気になります。

「住居跡から出土したものですが、一般的には祭祀用土器として〝まつり〟など特別な日に使われた土器だと言われています」と語る小笠原さん（八戸市博物館）は、ちょっと違った土器の見方も教えてくれました。

「土器は人間の身体、それも、女性のプロポーションで作られているという説があるんですよ」

そう言われてみれば、この土器のボディに描かれている文様は、まるで肋骨みたいにも見えます。土器が女性の身体、つまり母胎だとすれば、土器に食料を保存するのは、胎内に命の源を宿すという発想もできるでしょう。土器は単なる〝容《い》れ物〟ではなく、そこに精神性を宿らせていたかもしれないと思うと、あどけない顔の表情も、また違って見えてきそうです。

《顔面把手付土器》
八戸市石手洗遺跡　中期
高 48cm　八戸市博物館

Jomon Colmun 1

縄文をつける

「縄文をつける」と簡単に言ってきましたが、いったいどのようにして、あの縄目文様をつけていたのでしょうか？　縄を土器に巻き付ける？

是川縄文館の小久保拓也さんにお願いして、実演していただきました。

まず用意したのは、「原体」と呼ばれる植物の繊維を撚《よ》った紐。長さは5、6センチくらいで、単純なものもあれば、真ん中で交差させてから両方向に向けて撚ったもの、結び目をつけたもの、木の軸棒に巻いたものなど様々。樹脂製のケースに詰めた粘土を実験用に用意して、縄目を押していきます。

最初に試したのは、いちばん単純な形。右方向に撚った紐を、さらに左方向に撚った「LR」と呼ばれるもの。一見、単純な作業に見えますが、均等に文様をつけるためには指先の力の入れ具合に繊細な感覚が求められます。「これ以上長い原体だと、全体に力を均等に配分することは難しいんです」

2つめは、右方向と左方向に撚った2本の紐を真ん中で交差させ、鎖状につないだ状態で、それぞれ反対向きに撚った「RL＋LR結束」。縄目の向きが逆方向になるので、つなぎ目を中心に「羽状縄文」という、「く」の字形の美しい文様が描かれます。原体を見ているだけでは、とても想像もつかない文様が現れて、びっくり。これも縄文土器にはポピュラーなパターンだそうです。

3つめは、軸棒に紐を巻き付けて押し転がす方法。「絡条体《らくじょうたい》」と呼ばれている原体です。これは軸を何本にするのか、またどんな角度でどのような紐を巻きつけるのかなど、無限のパターンが生まれそうでした。

「予想もしなかったような、意外な文様が出ることはないですか？」

と尋ねたら、「そういうこともありますが、やみくもにやっているわけではなく、土器についた縄目を忠実に再現するために、まず、どんなふうに撚ればいいか、結べばいいかを考えながら作ります」

とのこと。つまり、まず土器に描かれた縄文を観察して、どうやったら再現できるのかを考えるのが順序だということなのです。完全に再現できるものもあれば、どうしてもわからないものもあるそうです。

こうした多彩な文様は、時代や地域によって流行や伝承があったようで、土器の素性を語る、履歴書のような役割を果たしているようです。

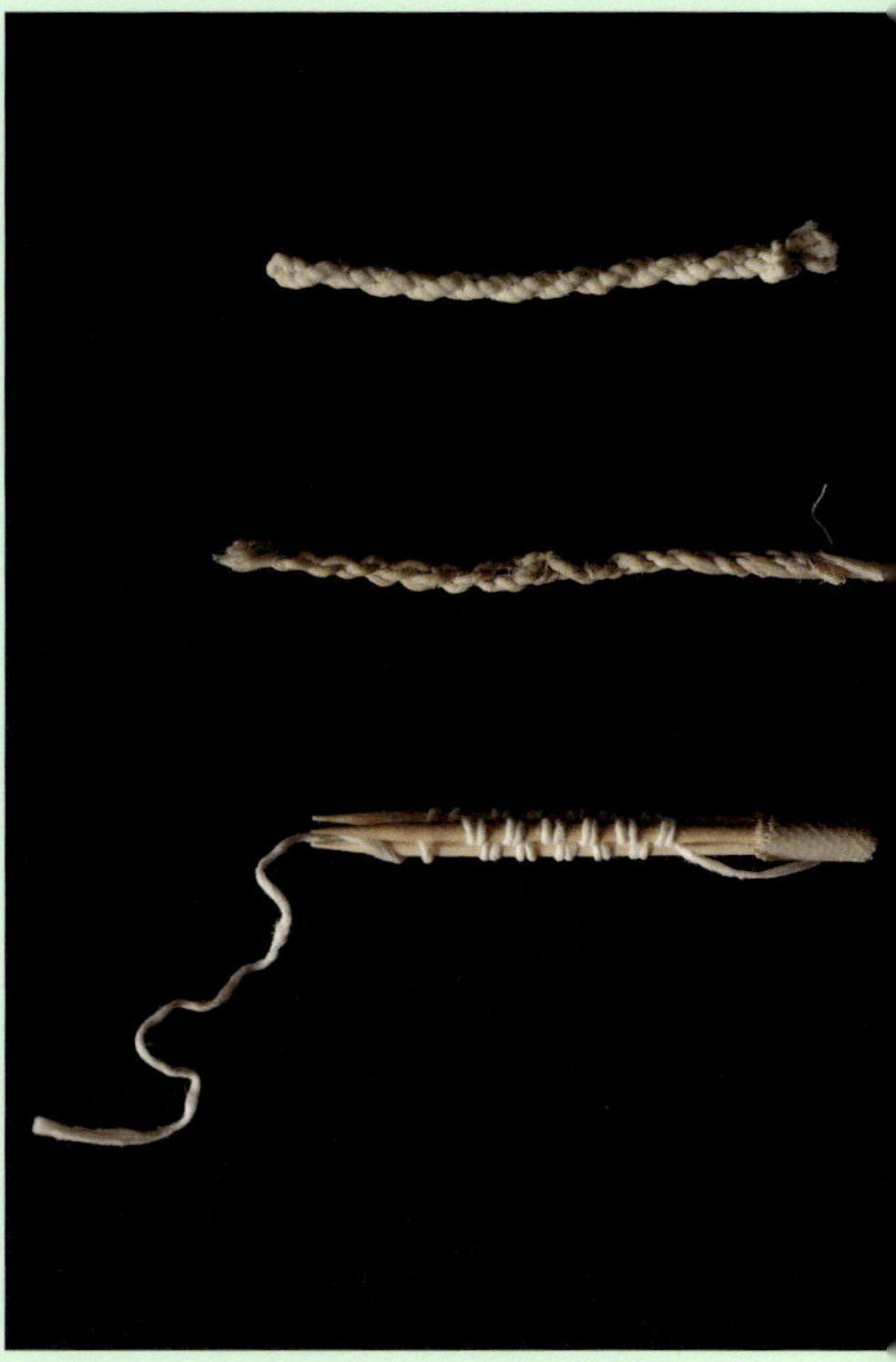

縄目をつける「原体」と呼ばれる撚り紐(縄)。
長い紐を使うのではなく、5cm ほどの紐に
指を添えて、均等に力を加えて縄目を描く。
上から「LR」、「RL+LR 結束」、「絡条体」。
それぞれ、左のような文様が現れる。
「RL+LR 結束」では、つなぎ目を中心に
「く」の字形の「羽状縄文」と呼ばれる
美しい文様が現れる。
この他に、原体を転がさず、そのまま押し付けて
縄目を描く「押圧縄文」という方法もある。

L { R { ℓ ℓ } R { ℓ ℓ } }

LR は左の図のように撚った
紐のことです。
R は ℓ を撚り合わせている紐で、
その R を撚り合わせた紐が LR です。

縄文のデザイナー

これも三内丸山遺跡出土の土器です。「円筒上層式」、つまり前に紹介した「下層式」より新しい、縄文時代中期のものです。

「中期の『円筒上層式』になると、単純なバケツ形ではなく、土器の縁は波打って、その頂点には立体的な突起が見られるようになります」

茅野さんがそう言って出してきてくれたのがこの土器。口縁に四つの突起があって、それぞれ中央に切れ込みが入っています。

撮影のために片方向からライトを当てると、四方に付けられた把手の部分が、劇的に浮き上がってきました。よく見ると、それは動物とも、人形ともとれる形をしています。下層式では感じられなかった、造形デザイナーの存在を感じさせます。

「土器の上半分に粘土紐を貼付けた文様がつくのは、上層式の特徴です。これは上層式の前半の頃のものですが、上層式の終わり頃になると、表面に押された縄文の上から、串のようなもので描いた沈線の文様が加わります」

この土器の下半分についている波目の縄文は、撚った縄の中央を固結びして転がしたときにできる文様。茅野さんによると「上層式も後半になると、縄文は〝下地〟になって種類も減り、だんだん単純になってきています」とのことですが、この土器は前半のもの。把手や口縁にも、しつこいくらいに縄文が刻まれています。

《円筒上層式土器》 青森市三内丸山遺跡 中期
高 38.1cm 青森県立郷土館所蔵／さんまるミュージアム

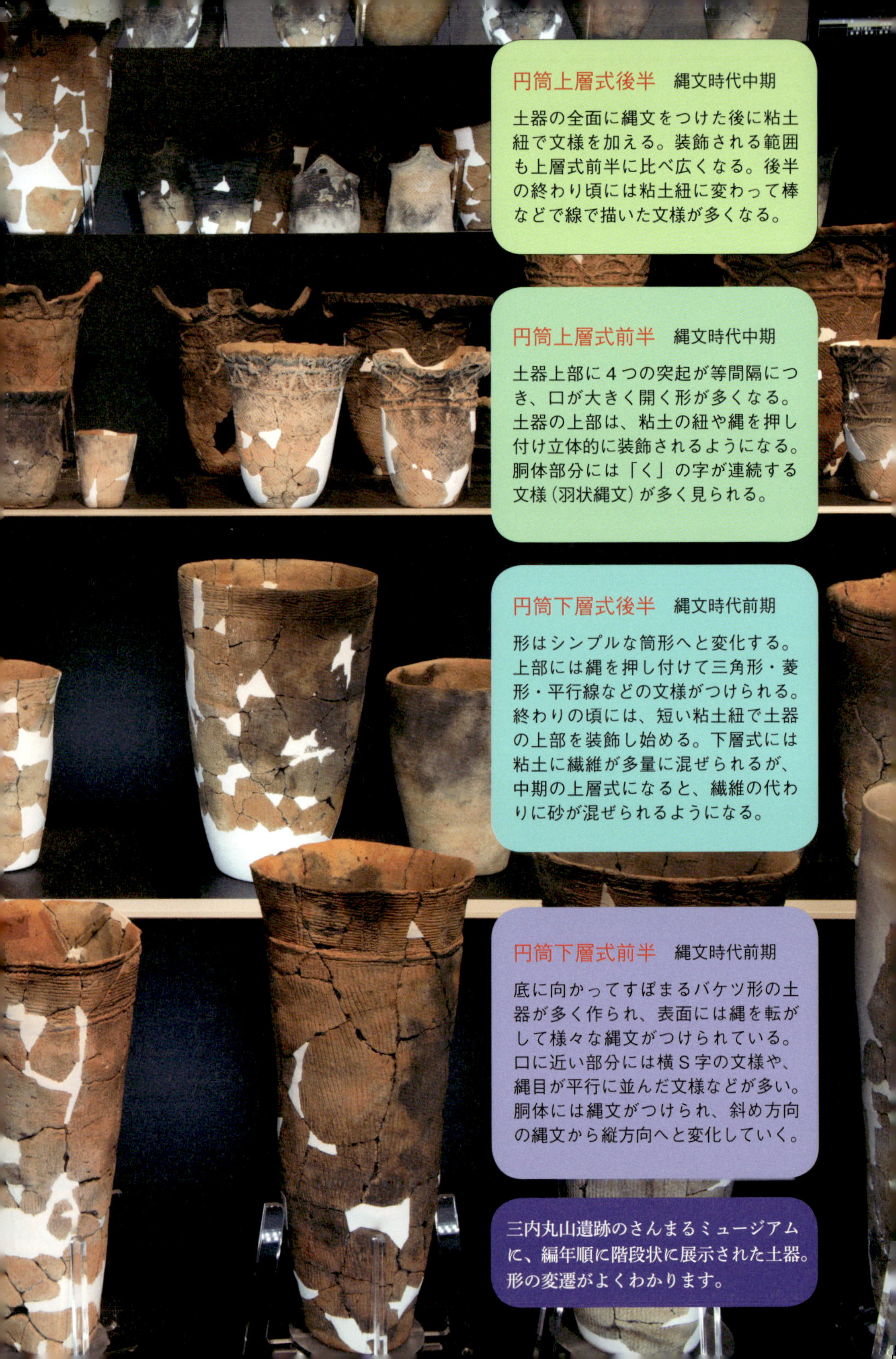

円筒上層式後半　縄文時代中期

土器の全面に縄文をつけた後に粘土紐で文様を加える。装飾される範囲も上層式前半に比べ広くなる。後半の終わり頃には粘土紐に変わって棒などで線で描いた文様が多くなる。

円筒上層式前半　縄文時代中期

土器上部に４つの突起が等間隔につき、口が大きく開く形が多くなる。土器の上部は、粘土の紐や縄を押し付け立体的に装飾されるようになる。胴体部分には「く」の字が連続する文様（羽状縄文）が多く見られる。

円筒下層式後半　縄文時代前期

形はシンプルな筒形へと変化する。上部には縄を押し付けて三角形・菱形・平行線などの文様がつけられる。終わりの頃には、短い粘土紐で土器の上部を装飾し始める。下層式には粘土に繊維が多量に混ぜられるが、中期の上層式になると、繊維の代わりに砂が混ぜられるようになる。

円筒下層式前半　縄文時代前期

底に向かってすぼまるバケツ形の土器が多く作られ、表面には縄を転がして様々な縄文がつけられている。口に近い部分には横Ｓ字の文様や、縄目が平行に並んだ文様などが多い。胴体には縄文がつけられ、斜め方向の縄文から縦方向へと変化していく。

三内丸山遺跡のさんまるミュージアムに、編年順に階段状に展示された土器。形の変遷がよくわかります。

数寄者好みの茶碗

これは、青森県立郷土館に展示されていた「鉢」。六ヶ所村大石平遺跡から出たもので、縄文時代後期のものです。展示ケースの中ではあまり目立っていなかったのですが、大振りなものが多い縄文土器の中で、両手で包むと、すっぽりと収まるジャストサイズ。まず、その大きさに惹かれました。

数寄者好み⁉

そんな言葉が浮かんだのです。ちょうどお茶碗くらいの大きさ。やや乱れた口縁も、数寄者ならそこに魅力を見いだすかもしれません。

そんな気持ちで改めてよく見てみると、表面の縄文は、もはや完全に〝下地〟に

《鉢》 六ヶ所村大石平遺跡 後期 高 11.2cm 青森県立郷土館

引き下がっていて、その上から、鋭く尖った串かなにかで描いた文様が、なんとも斬新。鋸刃のような抽象的なパターンを、くねらせたり、巻き込んだり。そのエッジの鋭さ、キレのよさに、すっかり魅せられてしまいました。

〝見込み〟(内側)を拝見すると、そこにも沈線で文様が刻まれていました。沈線で反復するパターンを描いた例は、他にも多々、見られますが、はたしてこの前衛的な文様は、当時、どのように受け入れられたのでしょうか。

絵画をほとんど残さなかった縄文人ですが、こんなところでアヴァンギャルドな芸術家に出会うことができました。

ふたつの狩猟文

《狩猟文土器》　八戸市韮窪遺跡　後期　高 26cm　青森県立郷土館

37　《甕棺》　青森市山野峠遺跡　後期　高 62cm　青森市教育委員会所蔵／青森市森林博物館

相似の謎

「狩猟文」と呼ばれる文様があります。左側から大きな弓矢が狙っているのは、四つ足の動物（クマといわれています）。絵画の少ない縄文時代に、様式化されているとはいえ、珍しく具象的に描かれた文様です。最初に見たのは、青森県立郷土館。八戸市韮窪《にらくぼ》遺跡から出土した、縄文時代後期の土器（36頁／左頁右上、下）でした。展示は、裏側も見えるよう、後ろに鏡が設置されています。

「この裏側の絵は、動物を捕らえるための落とし穴、罠だと考えられています」

　郷土館の中村哲也さんは、そう言って土器をぐるりと一回転させてみせてくれました。角の丸い台形の線は、穴の輪郭。対角線状に渡されているのは、穴の天井を支える梁か、それとも内部に仕掛けられた何かなのか？ 罠だと言われてはいますが、謎に満ちた絵柄です。

　絵柄は、正面の弓矢と四つ足の動物、針葉樹のような、枝の垂れた樹木文様、落とし穴、そしてまた樹木が、まるで走馬灯のように連続して描かれています。

　こうした狩猟文のついた土器は、青森県を中心に北東北や南北海道から三十点ほどが出土しているとのこと。そのうちの十五点は青森県で見つかったそうです。

　中村さんに「青森市森林博物館にも狩猟文の大きな土器がある」と聞いて、早速訪ねてきました。こちらは青森市の山野峠遺跡から出土した、後期の甕棺（前頁／左頁左上）。大幅に修復されていますが、オリジナルの部分にも同じような狩猟文がはっきりと残っていました。

　青森市教育委員会の児玉大成さんに話を聞きました。

「これは骨を入れて再葬墓に埋めた〝甕棺《かめかん》〟です。土が入らないよう、蓋が付いているのが、甕棺の特徴です。二つの把手が付いた、珍しい例です」

　文様は四方向に、同じパターンがくり返し描かれていました。

　それにしても、よく似た図柄、同じ作者の作品か、と想像してしまいます。異なる場所、異なる時間に同じパターンが現れたのだとしたら、この絵柄はだれもが理解できる、大切な〝意味〟を象徴していたのでしょう。絵が持つ神秘的な〝力〟を、土器に宿すために、広く受け継がれたシンボルだったのかもしれません。

[上]《甕棺》に描かれた狩猟文のパターンは、右の《狩猟文土器》ととてもよく似ている。
[下]《狩猟文土器》の文様。裏は落とし穴だといわれている。

縄文土器の洗練

是川縄文館に展示された、風張（1）遺跡（後期）出土の深鉢形土器二点。どちらも均整のとれた、完成度の高い造形です。

初めて是川縄文館の展示室でこの土器に出会った時の驚きを、なんと表現したものか……それまで抱いていた「縄文土器」のイメージを、根底から覆されました。

なんて精緻で、独創的で、美しいんだろう！

火焔土器のような荒々しいエネルギーは感じられませんが、対照的に静かでどっしりとした、それでいて強烈なそのオーラを感じたのでした。

「この時期の縄文人は奇数が好きなんです。口縁部に突き出した突起も、3つだったり9つだったり、奇数の方が多い。そういう点から見ると、こっち（左）は突起も4×2で、全体の文様の構成も整然とまとまっている。ムラの構造が東西二つに分かれることなどから、縄文人の二項対立の概念が指摘されています。そういう意味もあったのかもしれません」

と同館の小久保さんは解説してくれました。土器からは様々な情報が読み取れるのだと、改めて実感しました。

右の土器も同じ頃、同じ地域で作られたものです。黒いシミは吹きこぼれの跡で、何かを煮たことは間違いないといいます。どちらも、広場の真ん中に、あるいは祭壇の前に設えられた炉に据えて、朦々と湯気を昇らせる神秘の器——そんな使われ方が似合いそうです。

《深鉢形土器》　八戸市風張（1）遺跡　後期　高 31.5cm
八戸市埋蔵文化財センター　是川縄文館

《深鉢形土器》 八戸市風張（1）遺跡 後期 高 37cm
八戸市埋蔵文化財センター 是川縄文館

前頁の土器の市松模様はどうやってつけたのでしょう。まず全体に縄目をつけ、その後でグリッドを引く。そして2列の方形の内側を上下左右、交互に丹念に縄文を刷り消していく。さらに、残した縄文の上に、斜めの格子模様を刻んで仕上げてあります。描かずにはいられない――作者を駆り立てた執念のような美意識を感じます。

《深鉢形土器》の市松模様

何を注いだのか

縄文時代後期になると「注口土器」がたくさん作られるようになります。液体を注ぐためのものであることは想像できますが、不思議なのは、その注ぎ口の位置。特に晩期のものになると、器の高さに比べて注ぎ口がとても低いように見えます。

上は是川中居遺跡（晩期）出土。ぐるっと巡らされた雲形文様の肌に押された縄文の窪みには、ベンガラの赤がくっきりと残っています。鎧武者のような、どっしりとした硬質な気品のある風貌は、闘いの首途《かどで》の儀式に似合いそう。

《注口土器》　八戸市是川中居遺跡　晩期　高11.6cm　八戸市埋蔵文化財センター　是川縄文館

一方、左の、対照的に優美な柔らかさを感じさせるのは、青森市玉清水遺跡(晩期)出土。こちらにもベンガラで謎めいた文様が描かれており、神聖な佇まい。

こんな形の土器を見て、まず連想するのは酒器ではないでしょうか。しかし、是川縄文館の小久保さんによれば、「火にかけた跡はなく、なにを入れていたのかはわからない」とのこと。縄文人が酒を飲んでいたのかどうか、未だ結論は出ていないのです。

でもやっぱり、お酒――芳醇な香りの濁り酒を注いでみたくなります。

《注口土器》 青森市玉清水遺跡 晩期 高 19.5cm 風韻堂コレクション/青森県立郷土館

縄文の赤

是川中居遺跡を代表する漆塗り土器のひとつ「注口土器」。全面、漆で塗装されていますが、中身はまぎれもなく土器です。44〜45頁のような、漆を塗っていない注口土器も多数出土していますが、これは特別なものだったのでしょう。

漆の赤というと、もっと鮮やかな朱色を思い浮かべますが、この渋く沈んだ深い色合いは三千年の時の流れが醸し出したもので、現代のどんなものにも比べようがありません。

「三千年前の輝きを、そのまま残しています。紫外線に当たると傷むので、管理に気を遣っていますが、今はLED照明になったので、常時展示できるようになりました」（小久保さん）

反復する渦巻文が〝縄文魂〟を感じさせますが、真後ろから見ると、このお釜みたいな形状は、注ぎ口が付いていなければ、まるでUFOです。是川縄文館では、すぐ近くに宇宙人を思わせる遮光器土偶がたくさん展示されているせいか、ますますUFOを連想してしまいました。

渋い輝きを持つ表面は、単に漆を塗っただけでなく、相当に磨き込まれていることが窺えます。

ところどころ、表面の赤い漆が剝げて、下地の黒色漆が覗いています。この土器の内側から漲るどっしりとした安定感と、深い色合いは、長い間にわたって、とても大切に使われ、人々の手から手へ受け継がれてきたことを物語っているようです。

注ぎ口は、底面スレスレ、ますます低い位置に下がっています。それにしても、何を入れたのでしょうか？

《赤彩注口土器》　八戸市是川中居遺跡　晩期　高 7.5cm　八戸市埋蔵文化財センター　是川縄文館

縄文の黒

是川縄文館の展示室には、ベンガラや漆で彩った赤い土器に加えて、黒い土器もたくさんあります。これもその中のひとつ。晩期の是川中居遺跡から出土したものです。

「土器を焼くときに、松葉などを被せて、脂《ヤニ》やカーボンを表面に吸着させてこの色を出していたようです」

縄文是川ボランティアの方々が、再現土器を作るとき、この色を出すために試行錯誤した過程で、焼きたてのまだ熱い土器にオガクズなんかを被せると、近い色になることがわかったそうです。

晩期の土器だというのに、壺の下半分だけでなく、肩の部分を巡る唐草のような入組み文にまで、縄文が残されています。最初の縄文が現われた草創期から、すでに一万年近く。形も焼き方も色もデザインも、すっかり変わったというのに、どうして縄文の人たちは縄目を捨てなかったのか？　縄文の実用的な効果としては、滑り止め、あるいは表面積を増やすことで熱効率を高めるなど、様々な説が挙げられていますが、どうもそのような合理的な理由ではないような気がします。縄目には、私たちには計り知れない〝力〟があったのかもしれません。

《壺形土器》　八戸市是川中居遺跡　晩期　高 31.3cm　八戸市埋蔵文化財センター 是川縄文館

縄文がない土器

青森県立郷土館のフロアの一角に「風韻堂コレクション」を展示するコーナーが設けられています。「風韻堂コレクション」とは、地元の文化財保護に尽力した故・大高興氏が郷土館に寄贈した、一万点強の縄文遺物の総称で、亀ヶ岡文化を中心とする貴重なその遺物群から厳選した約百三十点が、この部屋に展示されています。

亀ヶ岡文化は、縄文時代の晩期を彩る、高度で洗練された土器や土偶で知られています。左の壺もそんな中の一点。出土地は青森県南部町の青鹿《あおし》長根《ながね》遺跡(晩期)。丸く膨らんだ胴体に細い首のついた「壺形土器」は、この地方では縄文時代中期から作られていますが、晩期になると、表面にベンガラや漆を塗った華やかな色彩のものや、丹念に磨き、カーボンなどで黒く着色するものなど、かなり手の込んだ作りになっています。精神的な意味をもつ、特殊な土器だったのかも知れません。

この土器の文様は「工字文」と呼ばれるもので、縄文晩期中葉に登場し、弥生時代になっても変形しながら受け継がれていったものだそうです。

骨太で強い精神性を感じさせるその文様に圧倒されたのですが、ふと気がつきました。この土器には縄文がない——ついに縄文の呪縛から解き放たれた、新しい美意識が生まれたのか……。

しかし、考えてみれば「縄文」が施されないこと自体は、特に珍しいことではありませんでした。長い縄文時代の中では、狩猟文土器や火焔土器のように、縄文のない例はたくさん見られます。一方で、同時期の土器にも、前頁のように縄文の施されたものもたくさんあります。弥生時代に入ってもなお、この地方では縄文を施された土器が作り続けられているのです。

長い縄文時代を締めくくる土器として、この壺を位置づけようという目論見は外れましたが、改めて考えさせられます。なぜ縄文をつけたのか？　そして、なぜ縄文をつけなかったのか？　「縄文」が私たちに語りかけてくれることに、もう一度耳を澄ましてみませんか。

《壺形土器》　南部町青鹿長根遺跡　晩期　高 21cm　風韻堂コレクション／青森県立郷土館

遺跡巡り①

縄文のタイムカプセル

三内丸山遺跡

三内丸山遺跡のシンボル、六本柱の大型掘立柱建物と
復元された大型竪穴住居。

長い、大きい、多い

三内丸山遺跡が脚光を浴びたのは、一九九四年のこと。巨大な集落跡、膨大な出土品が次々と発見され、なかでも直径一メートルものクリの巨木を使った六本柱の大型掘立柱《ほったてばしら》建物跡が見つかったことで、俄然、注目されるようになったのでした。

この遺跡について語り始めたら、それだけで一冊の本ができてしまいますが、まず、基本的なことだけをおさらいしておきましょう。初期から今日まで、ずっと発掘に携わってきた岡田康博さんに、概要を話していただきました。

「三内丸山遺跡は、青森市の南西部、沖館《おきだて》川の河岸段丘で見つかった、縄文時代の大規模な遺跡です。

遺跡公園「縄文時遊館」の入り口。

この遺跡を語るキーワードは、三つあります。

長い、大きい、多い。

まず『長い』ですが、この遺跡は縄文時代前期の中頃、今から五千五百年ほど前から、中期の終わり頃、約四千年ほど前まで、約千五百年間もの長い間にわたって、人々が暮らし続けていた場所です。その間、人々が消えた〝空白の時間〟はなく、継続して生活が営まれていたと考えられます。

次に『大きい』――三内丸山遺跡は青森県を中心に、北海道南部から東北地方北部にかけて栄えた円筒土器文化圏を代表する、巨大な集落跡です。縄文時代の集落跡としては、日本でも最大規模。今までにわかっているだけでも、広さは約三十五へクタールもあって、これは東京ドーム7個分に相当します。

単に広いということではなく、その広大な集落の中に、道路や住居、貯蔵施設、墓、捨て場などが、長期間にわたって計画的に配置されていることが重要なポイントです。

三つめの『多い』は、言うまでもなく、出土遺物の多さのこと。その量は、段ボール箱にして四万箱にもなります。土偶だけでも二千点以上が出土しているのです。こんな遺跡、他にはないでしょう。

それから、当時の人々が生活している環境が、この遺跡はとてもよくわかるんですよ。今より若干あたたかい時に、人々はここに住んでいたようだとか、やはり冬には雪が降ったんじゃないかとか、どんなものを食べていたのか、どんな生活をしていたのか、それを物語る遺物がたくさん出てきています。まわりの森の様子もよくわかっています。クリやクルミの森が広がっていて、特にクリは人々が管理していたということがわかっています。

三内丸山遺跡は、環境から道具や食べ物、精神性まで、縄文人たちの全体像をつかむことができる遺跡だといえるでしょう」

無料で公開されている遺跡公園は、広々とした芝生に覆われた、とても気持ちのいい場所です。出土遺物が展示されている「縄文時遊館」の「さんまるミュージアム」を見てから外に出ると、まず目に入ってくるのは、三内丸山遺跡のシンボルとも言える六本柱の大型掘立柱建物。そ

復元された掘立柱建物。倉庫のようなものだったのか。

のすぐ脇に復元された大型竪穴住居と、復元されて三棟連なった高床の掘立柱建物、そして茅葺きや樹皮葺き、あるいは土葺きに復元された竪穴住居が点在しています。

ふたつある白いドームに囲われた内部には、大型掘立柱の発掘現場や「子供の墓」が、また、北盛土、南盛土にも、それぞれ発掘当時そのままの状況が、覆屋をつけて保存されており、見学できるようになっています。

ボランティアのガイドさんに導かれた学生や観光客の集団が、何組も見学に回っています。いっしょに一巡りした後で、遺跡公園の裏側を、三内丸山遺跡保存活用推進室の岩田安之さんに案内していただきました。

まずは旧展示室の裏手にある管理棟を覗いてみました。発掘された遺物はここに集められて、洗浄、分類され、パーツのそろった土器などは復元されてゆきます。段ボール四万箱分の遺物を整理するなんて、考えただけでもくらくらしますが、地道な作業が日々、ここで続けられているのです。

その奥に設けられた収蔵庫には、復元された土器が棚にびっしりと、発掘された場所別に並んでいます。「この中から、やがて重要文化財に指定されるものもたくさん出てくるでしょう」と岩田さんがいう通り、ひとつひとつ丹念に見ていくと、どれもこれも見事なものです。ここに眠る何千点もの縄文土器は、やがて展示館のケースの中に〝出世〟して日の目を見るのを、静かに夢見ているようです。

発掘は現在も続いており、来園者にもその現場が公開されています。

[上] 今も遺跡内のどこかで発掘作業が継続して行われている。
[左頁] 収蔵庫に保管されている膨大な量の出土物。

北盛土
北盛土

②
北盛土
③
北盛土

復元された大型竪穴住居の内部と外観（左頁）。
300 人以上、収容可能だという。

六本柱登頂記

さて、今回の取材でどうしてもやりたかったのが、〝六本柱〟の大型掘立柱建物の上に登ること。なぜこんな巨大な建物を造ったのか、その真意を知るためには、登ってみて、そこから見える風景を、縄文人たちが見たであろう同じ風景を、この目で見てみないことには始まらない、と考えたからです。もちろん、普段、来場者が登ることはできません。

この建造物については、様々な議論があって、灯台説、物見櫓説、宗教施設説、〝御柱〟説など、諸説紛々。未だ結論は出ていません。「屋根付の建物を想定して復元したのですが、あえて完成させず、建造途中の状態にしてあります」と語る

南東方向。青い山並みは八甲田山。

岡田さんに、「登ってみたいんですが」とお願いしたら、「いいですよ、少し揺れますが」と、あっさり許可してくれました。

取材当日、永嶋豊さん率いる四人のスタッフが、脚立とヘルメットをかついで駆けつけてくれました。大型掘立柱建物は三層になっており、各階のフロアは直径20センチほどの丸太を半割りにしてわたされた、隙間だらけのウッドデッキ。それぞれ、隅に梯子をかけるための空間が切りあけられています。一段登る毎に脚立を引き上げ、また次の階へ登るということを三回くり返して、地上12メートルの最上階に至りました。

上から見渡した風景は、「時遊館」に展示されているジオラマさながら、遺跡の全体像が眼下に広がります。

六本柱の長辺は北東―南西方向。いちばん開けた南東方向はるか彼方にそびえるのは、雲を頂く八甲田の山並み。90度転じると、南西方向には、津軽の名峰、岩木山が望めます。北東方向に目を向けると、青森港のベイブリッジの橋梁と夏泊半島の山陰にはさまれて、わずかに海が望めました。北西方向は、残念ながら杉

半割りのクリの丸太を並べた床面は隙間だらけ。

［中］北東方向。青森港と夏泊半島の山並みの間に、海が望める。
［左］南西方向。曇りの日、岩木山がくっきりと見えた。

木立に遮られて、本来見えるはずの津軽半島の山並みは望めません。

ちなみに、今回は三回も登らせていただきました。というのは、天候によって、時間によって、見える景色が全然変わるからです。上の写真をご覧下さい。晴れた日(次頁)には八甲田の山並みは雲の中。岩木山も海越しに見えた夏泊半島も、曇りの日(上三点)の方がよく見えました。

登ってみて何がわかったのか？と問われると、素人としては「海が見えた、岩木山と八甲田山が見えた」とご報告できるだけです。それが一体何を意味するのか、岡田さんに聞いてみました。

「当時の海岸線が一望できることが、とても重要なことなのです」

八甲田山や岩木山は、場所によっては地上からでもその姿を見ることはできますが、海岸線を望むには、この高さが必要です。そこにこそ、この巨大な建造物をこしらえた意味があるのかもしれません。

ともあれ、四千二百年前、縄文人たちが見たであろう同じ風景を、瞼に焼き付けることができたことは、とても貴重な体験でした。

大型掘立柱建造物の上からの眺め。

縄文ポシェット

三内丸山遺跡出土の至宝「縄文ポシェット」。深さ17センチほどの小さな籠で、針葉樹（ヒバ）の、樹皮と幹の間の繊維を網代編みにしたものだといいます。中にはクルミの殻がひとつ、入っていたそうです。

このかわいいポシェットを腰に吊るして、クルミを採りに行ったのは、やっぱり可憐な乙女であってほしい、そんなことを思わせる清楚な佇まい。

五千五百年もの間、なぜ腐らずに残ったのか——それは、発見された「第六鉄塔地区」のあたりは低湿地で、常に水がしみ出していたためだといいます。他にも動物や魚の骨、木製品や漆製品など、この付近からは貴重な遺物が多数出土しています。

秋口、このあたりの山や森では、どこでもたわわに実をつけたクルミやクリ、トチの木に出会いました。森の風景は、今もあまり変わっていないのかもしれません。

クリ、ドングリ、クルミ、トチ。
いずれも縄文時代の貴重な食料。
三内丸山遺跡内にて。

《縄文ポシェット》
青森市三内丸山遺跡　前期　高約 17cm
青森県立郷土館所蔵／さんまるミュージアム（期間限定展示）

復元した石斧でニセアカシアの立ち木を切ってみた。
直径10センチほどの木を、5分ほどで倒すことができた。

Jomon Colmun 2

石器の切れ味

鏃《やじり》、石匙《いしさじ》（ナイフ）、石斧《せきふ》など、縄文時代には石を使って「刃物」を製作していました。どれくらい切れるものなのか、三内丸山遺跡の岩田さんに、実際に木を切ってもらいました。試したのは、直径10センチほどのニセアカシアの立ち木。思ったよりも切れ味は鋭く、5分足らずで見事に倒せました。この時使ったのは、下北産の花《か》崗閃緑《こうせんりょく》岩《がん》製でしたが、石によって切れ味は全然違うと、この石斧を復元した茅野さんは言います。別の場所で、茅野さんがもっとよく切れる、と保証してくれた石斧を使って、クリの丸太を切ってみました。こちらは北海道産の「アオトラ」と呼ばれる緑色岩製。

「硬いんだけど粘りがある石で、研いでみると違いがよくわかります。当時の〝ブランド品〟だったんじゃないかな」と茅野さん。切り比べてみると、こちらの方がはるかに食い込みがよく、よく切れました。それでも、木が乾燥すると簡単には切れないそうです。

鏃や石匙は、関東ならガラス質の黒曜石製、関西ならサヌカイト製が多く見られます。青

頁岩で鏃を作ってみた

県内産の頁岩を使って、鏃を作る。拳大の石から剝片を割り出し、
鹿の角などを使ってエッジを押し割り、形を整える。写真は出土した実物。

森県でもわずかに県内産の黒曜石製がみつかっていますが、主流は頁岩《けつがん》製。頁岩は青森県ではポピュラーな石で、多くの遺跡から出土しています。北海道や信州産の黒曜石を使ったものも発見されており、当時の交易の広さを物語っていますが、やはりそういうものは希少な〝ブランド品〟、特別なものだったようです。

「まず頁岩の塊から、稜(鋭いエッジ部分)のついたあたりを、硬い石などで叩いて、薄く剝離させます。剝片が採れたら、粗く整形し、さらにシカの角などを使って、縁を押し割りながら、最終的な形を整えて行きます」

鹿革のマットを腿の上に敷いて、その上で石を加工して見せてくれたのは、三内丸山遺跡の濱松優介さん。薄く剝がれた石片の縁に、尖らせた鹿角の先を添えて、少しずつガリガリと押し砕いていきます。力加減を間違えると、大きく割れてしまって、せっかくの剝片が台無しに。鋭いエッジを残しながら、均整のとれた切れ味鋭い石器に仕上げていくのは、熟練の技が必要です。

《石鏃》　青森市石江遺跡　前期　長３～５cm　青森県埋蔵文化財調査センター所蔵／青森県立郷土館

美しき〝切れ味〟

どちらも青森県立郷土館で撮影した、頁岩製の石器。右の鏃は、大きいもので長さが4～5センチ。非常に薄く、繊細な造形物です。

左の石槍は10センチほどの大きなもので、刃の部分のエッジの鋭さに加え、根元に二重に刻まれた突起が、この石器が動物を捕らえるための「狩猟具」であることを如実に語っています。もちろん、機能的な必要から生まれた形なのでしょうが、一個のオブジェとして非常に美しく、それでいて、そこに漲る禍々しいパワーに圧倒されました。

《石槍》 青森市石江遺跡　前期　長 11.6cm　青森県埋蔵文化財調査センター所蔵／青森県立郷土館

遺跡巡り②

小牧野遺跡

丘の上のストーン・サークル

夕暮れの小牧野遺跡の環状列石。緩やかな斜面を造成して平らにし、三重（部分的には四重）の石の環が囲む。

遺跡脇からの展望。眼下に見える荒川の川原から、サークルの石を担ぎ上げた。

聖なる空間

小牧野遺跡は、青森平野を南側から一望する、標高百四十メートルほどの高台に位置します。遺跡入り口の左側に展望台があって、青森市街から陸奥湾、八甲田の山並みまで、広く見渡すことができる、とても気持ちのよい場所。眼下には、荒川（堤川上流）の流れがわずかに見えていました。

この荒川から、距離にして一キロ弱、標高差六十メートルの斜面を、大小さまざまな石を担ぎ上げ、あるいは引き上げて作ったのが「環状列石」、和製ストーン・サークルです。元々、緩やかな斜面だったところの高い部分を切り崩し、その土を斜面下側に盛って造成した平らな台地に、縄文の人々は約二百年の歳月をかけて、三千個もの石を運び上げました。

石は直径三十五メートルの外帯、二十九メートルの内帯、そして二・五メートルの中央帯と三重の環を構成しています。

「環の中央に、四つの甕棺が埋葬されていました。周辺にも百基以上の土坑墓が確認されている一方で、住居跡は二つしかみつかっておらず、ここが生活の場とは切り離された、特別な場所であったことが窺えます。こんなに大規模な土木工事を行うためには、大勢の人手が必要なことはもとより、その人たちを統率する強力なリーダーがいなければ、とてもなし得ません。いくつかの村を統率するような長《おさ》がいたのでしょう。短期間で一気に作り上げたのではなく、

環状列石を見渡せるよう、近年に整備された高台からの眺め。

立ち石には江戸時代に刻まれた「馬頭観世音」の文字が残る。

盛土は、環状列石の外側にあった土坑墓を復元したもの。

祭の度に数個ずつ運び上げた、つまり石を運ぶこと自体が祭だったのではないでしょうか」

現場を案内してくれた青森市教育委員会の葛西義人さんは、そう推測します。

「住居跡が少ないのは、この場所の管理小屋、墓守みたいな人のためのものだったからじゃないかな」

特別な甕棺に葬られているのは、環の中心に埋葬された人だけで、リーダー格か、特殊な地位にあった人のものでしょう。その人たちの墓を囲み、人々が集い祭祀を行う神聖な場所として、環状列石はその結界を示しているのかもしれません。

ここからは縄文人たちの精神世界を垣間見る、不思議な遺物が多数、出土しています。

縄文不思議図鑑

《三角形岩版》　青森市小牧野遺跡　後期　径 4.0 ～ 7.2cm
青森市教育委員会所蔵／青森市森林博物館

祈りの形

ここに紹介したのは、小牧野遺跡出土の不思議な遺物。上は「鐸形土製品」で、「鐸」つまり、粘土で作った銅鐸のミニチュアみたいなものです。大きさは大人の親指くらい。上部に紐を通すためらしき穴があります。「中空になっている胴の内側に煤や焦げ跡がついていることから、火のそばに吊るしたものと思われますが、用途は不明です」（児玉大成さん）

右は「三角形岩版」と呼ばれるもので、小牧野遺跡では四百点以上、みつかっています。同じような形で、粘土で作った「三角形土版」も三内丸山遺跡のほか青森県南部を中心に多数出土しています。いずれも実用的なものではなく、祭祀に関連するものと考えられています。

この岩版の表面に刻まれた幾何学文様が、なんともミステリアスで魅力的。小さな祈りを形にしたら、きっとこんな表現になるんだろうなと、いつも携帯していたくなる、こころに寄り添うあたたかさを、この不思議な形に宿しています。

《鐸形土製品》　青森市小牧野遺跡　後期　高 2.8 ～ 5.2cm
青森市教育委員会所蔵／青森市森林博物館

小さな土器たち

「ミニチュア土器」と呼ばれる、小さな土器が、青森県内では早期からさかんに作られています。これは、八戸市の丹後谷地遺跡（後期）のものですが、三内丸山や是川遺跡をはじめ、同じようなものが各地で出土しています。

祭壇のお供えのための、祭祀用土器だというのが一般的な説のようですが、八戸市博物館の小笠原さんはちょっと違った見方をしています。

「この丹後谷地遺跡の土器を見ていると、私には子供が作ったものに思えます。大人が祭祀用に作ったのなら、もう少し丁寧に、上手に仕上げたんじゃないでしょうか」

そう聞くと、土器を作る大人の隣

で、見よう見まねで四苦八苦しながら小さな土器を作る子供の姿が目に浮かびます。

　しかし、二千五百以上のミニチュア土器が出土した三内丸山遺跡のものの中には、子供が作ったと考えられるものは一つもないとのこと。考古学的には、子供製作説はほとんどないということです。

　思い浮かべた、粘土を囲んで向かい合った親子の姿――こね上げた小さな器を誇らしげにかざす子供と、それを丁寧に焼き上げる父、あるいは母――は幻かもしれませんが、どこかでそんなことがあったかもしれないと思わせてくれた、親密な人のぬくもりを感じさせてくれる小さな土器たちでした。

《ミニチュア土器》　八戸市丹後谷地遺跡　後期　高 2.4 ～ 4.7cm　八戸市博物館

謎の土製品

不思議な土製品を、もっと紹介しましょう。上は八戸市丹後谷地遺跡（後期）出土の「キノコ形土製品」。八戸市博物館で撮影したものです。

一見、干し椎茸みたいですが、傘が垂れたもの、上向きに反り返ったものなど、非常に写実的な造形です。

「でも、こうすると容器の蓋みたいでしょう」

博物館の小笠原さんはそう言って、軸の部分をつまんでひっくり返してみせてくれました。実際、器物の蓋だという説もあるそうです。でもやっぱり、これはキノコでしょう、ということで意見は一致。

「食べられるキノコを見分けるための、〝縄文版キノコ図鑑〟だと言う説もありますが、例えば赤い顔料を塗って毒キノコを表現する、といったものは存在しません。キノコ形土製品は、青森ではよく出るんですが、関東や、キノコの多い信州では出土しない遺物です」

左頁上は同じく八戸市博物館の「スタンプ形土製品」。もしスタンプだとしたら、いったい何に押したのか？

《キノコ形土製品》　八戸市丹後谷地遺跡　後期　高2.8〜5.4cm　八戸市博物館
［左頁上］《スタンプ形土製品》　八戸市丹後谷地遺跡、丹後平（2）遺跡　長2.7〜3.7cm　八戸市博物館

「残念ながらこれを押された側の遺物は出ていません。入れ墨のように体に文様を押した可能性もありますが、スタンプ自体に顔料が残っていないので、これもはっきりしない。餅や団子に文様を付けた可能性はあります。裏側の〝つまみ〟のような突起に穴があいているので、イヤリングだったという見方もあります」（小笠原さん）

そういえば、こんな形の釦《ぼたん》はいまでもあるし、カフスにも似ています。縄文ファッションの重要なアイテムだったのかも知れません。

下は郷土館で見た「冠形土製品」。冠というよりは、柏餅みたいな形ですが、描かれている線刻には、強い精神性が感じられます。てのひらで握って包めるくらいの大きさ。こんなお餅があったのかなと連想してしまいましたが、さっぱり見当もつきません。

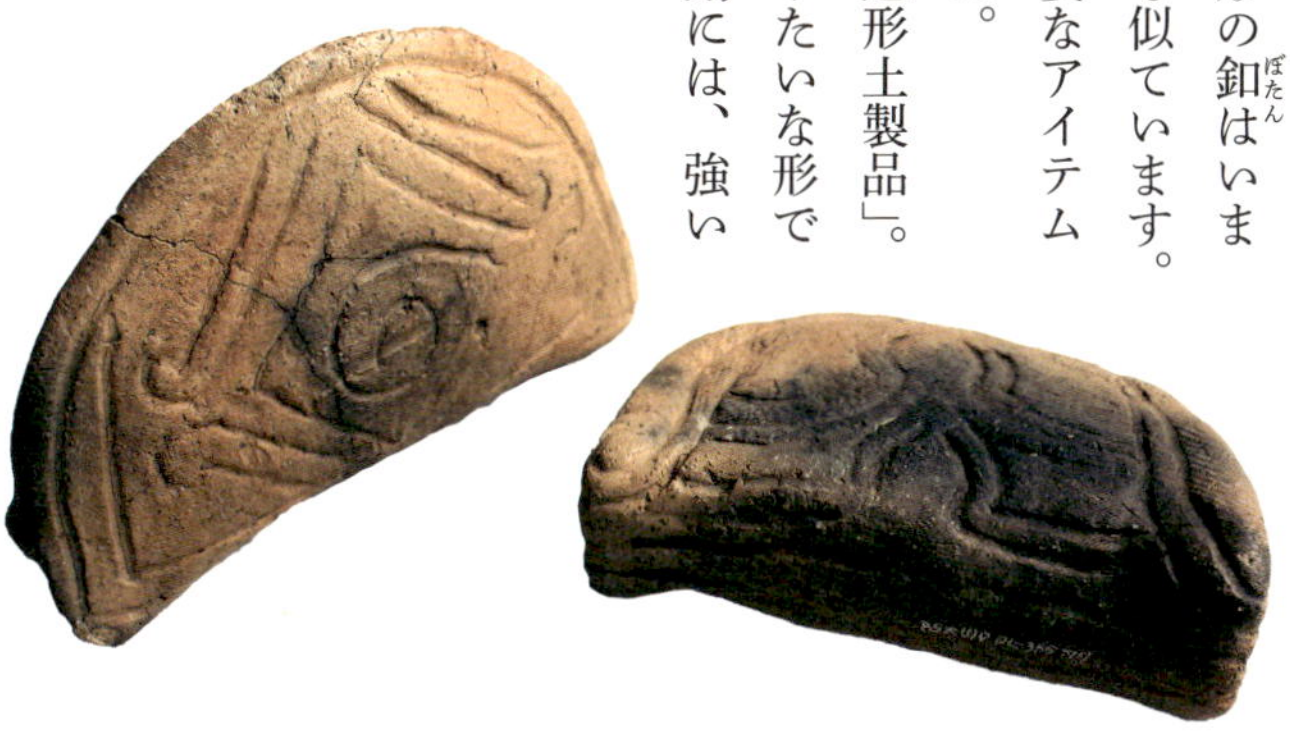

《冠形土製品》　六ヶ所村大石平遺跡　後期　高 7.7 ／ 6.7cm

青森県立郷土館　写真提供：八戸市埋蔵文化財センター　是川縄文館

祝いか形見か？

冒頭でも紹介した「手形付土版」「足形付土版」。青森県立郷土館に展示されているもので、手形はどちらも、六ヶ所村大石平遺跡出土。森林博物館で見たような、明らかな裏側の〝母の指跡〟は、どれにも認められませんでした。

左端は三内丸山（６）遺跡出土の足形。踵の部分は後で整えたようで、ちょっとバランスが崩れていますが、指の跡はまぎれもなく小さな子供のものです。

手形、足形共に、青森県から出土したものは、一歳頃の幼児のものが多いと言われています。幼児の死亡率が高かったであろうこの時代、一歳を無事に迎えられたということは、社会の構成員として認められることであり、第二の誕生日を迎えたのだと言えるのかもしれません。

「足形を見ると、未だ土踏まずが発達していない、つまり初めて立った、あるいは　歩き始め

［上２点］《手形付土版の裏表》　六ヶ所村大石平遺跡　後期　長 10.7cm　青森県立郷土館
［左頁右］《手形付土版》　六ヶ所村大石平遺跡　後期　長 11.1cm　青森県立郷土館

て間もない頃のものであることがわかります」

そう語る八戸市博物館の小笠原さんは、博物館で開催するこどもの日のイベントとして、手形や足形をつけた粘土版を焼くことがあるそうです。

「きれいな形を残すために一生懸命になっている親の姿は、縄文の昔も今も変わりませんね」

子供の成長を祝うお祝いの記念として作られたと小笠原さんは考えています。ほのぼのとした親子の情が感じられたからこそ、冒頭で紹介したような、裏に残った〝母の指跡〟のイメージもふくらんだのですが、一方で異説もあります。岡田さんによると、青森県以外から出土した手形、足形付土版には、子供の年齢に幅があるとのこと。また北海道では、母親の墓から見つかっていることから、幼くして亡くなった子供の形見だという説もあるそうです。

どちらの説を採るかによって、見え方はまるで違ってきてしまいますが、さて、どちらに見えますか？

［左］《足形付土版》　青森市三内丸山(6)遺跡　後期　長 11.1cm
青森県埋蔵文化財調査センター所蔵／青森県立郷土館

縄文動物園

青森県立郷土館に展示されている動物形の土製品を並べてみました。縄文時代中期から晩期のものまで、時代はまちまち。つまりそれほど長い時間にわたって、あちこちで作り続けられたものだということです。

それぞれ、何の形だかわかりますか？　一目でわかるものもありますが、右端のなんか、恐竜にしか見えない。「これはオオカミ、あるいはイノシシだといわれていますす。イノシシだとすると、敵を威嚇するとき、背中の毛を逆立てるんですが、その様子を表現しているのかもしれません」

郷土館の伊藤由美子さんはそう解説してくれました。

では、いったい何のためにこんなものを作ったのでしょう？　豊猟祈願、あるいはアイヌの〝クマ送り〟のような、儀式なんかに使ったもの？

でもそうではなくて、中には単純に子供が作ったもののように見えるものもあります。もっとも、左上のクマには高度な造形センスを感じますが。

上の不思議な形の土器も郷土館で出会いました。「人面付注口土器」、鰺ヶ沢町の餅ノ沢遺跡（中期）の出土。最初はこれも動物を象ったものかと思ったのです。

よく見ると、動物でいうと頭部の、首筋のあたりに、後ろ向きに小さな顔が付いています。人面というよりは、サルみたいですが、明らかに目鼻と口が表現されています。

「この欠けている部分は復元したものです。中が赤くなっているのが見えますね。赤い顔料の入れ物だったのでしょう」（中村哲也さん）

背中の部分にも線刻と、錐の先で突いたような点線が連なっています。小さな顔は〝遊び心〟かと思いましたが、そうではなく、ここにも精霊を宿らせた、神聖な表現なのかもしれません。

［右頁　右から］
《イノシシ（オオカミ）形土製品》 八戸市韮窪遺跡　後期　高 4.7cm
青森県埋蔵文化財調査センター所蔵／青森県立郷土館
《クマ形土製品》 青森市三内丸山（6）遺跡　後期　高 2.6cm　青森県埋蔵文化財調査センター所蔵／青森県立郷土館
《クマ形土製品》 青森市三内丸山（6）遺跡　後期　高 8.2cm　青森県埋蔵文化財調査センター所蔵／青森県立郷土館
《クマ形土製品》 弘前市尾上山遺跡　晩期　高 8.3cm　風韻堂コレクション／青森県立郷土館
《イノシシ形土製品》 八戸市長久保（2）遺跡　中期　高 1.8cm
青森県埋蔵文化財調査センター所蔵／青森県立郷土館
《イヌ形土製品》 青森市朝日山（2）遺跡　中期　高 1.8cm　青森県埋蔵文化財調査センター所蔵／青森県立郷土館

［上］《人面付注口土器》 鰺ヶ沢町餅ノ沢遺跡　中期　高 14.4cm
青森県埋蔵文化財調査センター所蔵／青森県立郷土館

二匹の小さなクマ

どちらも、前に紹介した「縄文動物園」にも入れそうな、かわいいフィギュア。クマでしょうか？

右は、小牧野遺跡（後期）から出土した「動物形土製品」で、小指の先ほどの大きさです。ガラス越しに見たときには気がつかなかったのですが、出してもらうと、尖った鼻と、穴をあけただけのくりっとした目がもの言いたげで、なにかを語りかけているよう。写真を拡大すると、まるで別のもののように、いきいきとした動物の表情が浮かび上がってきました。

顔を斜めに横切る点線のラインは、胴体部分にまで渦を巻いてつながっています。いったいどんな

《動物形土製品》　青森市小牧野遺跡　後期　長 3.8cm　青森市森林博物館

全体像の、どの部分だったのやら。

　左は郷土館に展示されている「動物の付いた土製品」。六ヶ所村大石平遺跡（後期）の出土です。

　破片の全長は八センチくらい。ということは、顔の部分は一センチほどのものです。口の細い壺のような土器の、口縁部分だったのでしょうか。

　単純化されていますが、鼻筋の通ったハンサムな風貌が印象的です。規則的に穿たれた丸い穴と、胴体部分に巡らされた渦を巻く文様——全体像はさぞ派手やかな造形であったことが予想されます。

　それにしても、こんなに小さくて素敵な土器片を、発掘現場で掘り当てた人は、とても幸福な気分になったんじゃないかなと、ちょっとうらやましくなりました。

《動物の付いた土製品》　六ヶ所村大石平遺跡　後期　長 8cm
青森県埋蔵文化財調査センター所蔵／青森県立郷土館

霊魂を孕む土器

「切断蓋付土器」という、ちょっと不思議な土器があります。口の細い壺状の土器なのですが、器形を作ってから、生乾きの状態で、焼く前に胴部分を水平に、まっぷたつに切り分けます。その上で、ひとつがいの土器として焼き上げたものです。

縄文時代中期の終わり頃(約四千年前)に青森県で発生し、その後、関東地方にも派生していったといいます。県立郷土館所蔵の「赤彩切断蓋付土器」(上)は、その代表作。森林博物館にも、稲山遺跡(後期)出土の「切断蓋付土器」が展示されていました(左頁)。肩の部分で切って、蓋にしたものもあれば、底に近い部分で切り取られたものもあります。たいてい、紐を通す穴が付いていて、中にものを入れた後、上下を縛って固定できるようになっているので、なにか大切なものを入れるために作られたことは間違いありませ

《赤彩切断蓋付土器》　六ヶ所村大石平遺跡　後期　高 31cm　青森県立郷土館
写真提供：青森県立郷土館

ん。

「蓋をして縛ってから土中に埋められていたようです。この大きさ（十五センチ弱）ですから、胎児の骨を入れて埋葬したのでしょうか」

青森市教育委員会の児玉大成さんは、そんなふうに予想しています。ある資料には、中身の正体は不明ながら「霊魂の宿る大切なもの」を入れて埋納したものと思われる、とありました。

そこでふと疑問が湧きます。胎児の骨であれ、霊魂であれ、何かを入れて丁寧に封までするのなら、なぜ口があいているのか？　完全に封じ込めるのなら、最初から密封できる形にすればよいのでは……。

もしかしたら、栓のようなもので塞がれていたのかもしれませんが、わざと口のあいた壺を切断して使ったと考えた方が自然でしょう。封印するのではなく、やがてその口から再生して出ていくために、いったん壺という「胎内」に宿した――そんなふうに考えてみました。この壺は、再生の祈りを込めた〝母胎〟なのではないでしょうか。

《切断蓋付土器》　青森市稲山遺跡　後期　高14.6／14.0cm　青森市森林博物館

お墓の話

縄文人のお墓にはいくつかの形態があります。いちばんポピュラーなのは、楕円形の穴を掘って埋葬した「土坑墓」。ほかに石で囲って埋葬する「石棺墓」や、土器に遺骨を納めた「甕棺墓」もあります。

左の写真は、五戸町薬師前遺跡（後期）で発見された甕棺墓。三つの大きな甕棺が長芋畑で発見され、そのうちの一つに縄文人の骨がきれいに一体分残っていました。「ここに展示してあるのは、本物の縄文人の骨です。縄文時代後期には、石棺墓などにいったん遺体を埋葬し、一定期間腐らせて、残った骨を掘り返し、甕棺に埋葬し直す〝再葬〟が行われていました。この骨は、一部が連結したまま、腐敗が不完全な状態で再葬されたと考えられています」（八戸市博物館の小笠原さん）

頭蓋骨の周囲に手脚の骨を突き立て、肋骨らしき細い骨を被せて、コンパクトに〝収納〟された一人分の骨の主は、女性のものだといいます。こうした甕棺に埋葬する方法は、青森県を中心とした東北地方北部に限られる、特殊な形態だそうです。

甕棺には、他の土器とは明らかに趣の違う、意味ありげな複雑な文様が描かれています。具象的な文様ではないので読み解くことはできませんが、特別な祈り、あるいは呪力が込められているように見えます。土器にパワーを宿すための、秘伝のヒエログリフがあったのでしょうか。

右下の写真は、取材中に遭遇した発掘現場。岩木山南麓の西目屋村、川原平（１）遺跡の現地見学会の模様です。手前に見える石組みが石棺墓。津軽ダム建設に伴い水没することになった岩木川流域の、後期～晩期の遺跡で、少し下流の水上（２）遺跡でも、たくさんの石棺墓が重層して発見されました。

石棺墓は、遺体を腐らせ再葬するための、一時的な埋葬施設だともいわれています。ここに葬られた人の遺骨も洗骨され、やがて甕棺にきれいに納められて、遠くにムラが見える丘の上に再葬されたのでしょうか。

西目屋村、川原平（１）遺跡の現地見学会。石棺墓がたくさん発見された。

《甕棺墓》　五戸町薬師前遺跡　後期
五戸町教育委員会所蔵／八戸市博物館
埋葬されていたのは、女性の骨。

異形のパワー・ストーン

今回、撮影した縄文遺物の中で、もっとも不可解で謎に満ちた一点。八戸市西長根遺跡（現松ヶ崎遺跡、中期）出土の石製品で、八戸市博物館の展示では「不明石製品」とプレートがついていました。

石を加工して作ったものなのに、一見したところ、ナマコのようなぬめりと弾力を感じさせられます。小笠原さんに解説していただきましょう。

「縄文時代も中期になると、こうしたわけのわからない土製品、石製品が見られるようになります。これは凝灰岩を加工して製作されていますが、妙に有機的な、不思議な感触ですね。元々は左右対称だったのでしょうが、片方が欠けています。残っている方の先端を見ると、石棒、つまり男性器を象っていることがわかります。欠けた方も同様でしょう。中央にまで連なる襞は、女性器を表現しているのではないでしょうか」

この石製品は単体で、男女双方を表現している、つまり〝両性具有〟の形だと小笠原さんは考えているそうです。本当にそうだったのか、それは不明ですが、そう言われてみると、このぬめり感、弾力感も納得。

裏返すと、底面は対照的に平たく磨かれていることから、手に持って使うのではなく、この形で据え置いたものだと考えられます。

そんな素性故か、あまり表舞台に出ることのない遺物ですが、縄文人の精神世界の底知れぬ深みに引き込まれていくような、不思議なオーラを放つ〝パワー・ストーン〟でした。

《不明石製品》　八戸市西長根遺跡（現松ヶ崎遺跡）　中期　長 15.9cm　八戸市博物館

岩版の迷路

不可思議な文様が刻まれた石。見つめていると、この石を相手に語りかけてしまいそう。あるいは石のパワーに引き込まれて、描かれた文様の迷路に迷い込んでしまいそうです。

先に紹介した「三角形岩版」と同じような性格なのかも知れませんが、こちらの方がかなり大振り。てのひら大のものもあります。

これは青森県立郷土館に展示されている「岩版」。右は青森市長森遺跡、左は平川市八幡崎遺跡の出土で、ともに晩期の遺物です。

縄文時代晩期には、土偶みたいなものを石で作った「岩偶」も出土しています。「岩偶」は三内丸山遺跡など前期の遺跡からも出土していますが、晩

《岩版》　青森市長森遺跡　晩期　長約5cm　青森県立郷土館

期の亀ヶ岡文化圏でも出土しており、同時期に、このような岩版も登場したようです。

岩偶も岩版も、柔らかくて加工しやすい凝灰岩や泥岩が使用されています。柔らかいといっても、相手は石。土偶同様、粘土で作った同じような形状の「土版」もたくさんみつかっていますが、岩版のほうがはるかに削る手間がかかったことでしょう。

より硬い石で作った錐のようなもので、カリカリと刻み付ける文様。右のように定形らしきパターンを彫ったものもありますが、左のものは、魂の命ずるままに、線をつないでいったように見えます。その時、彼の脳裏に浮かんだイメージは、どこから降りてきたものなのか……石ころを、魂を宿すパワー・ストーンに生まれ変わらせた聖なる力の存在を感じさせます。

《岩版》 平川市八幡崎遺跡 晩期 長約10cm 青森県立郷土館

魂の火を灯す

この「香炉形土器」は、一見、その名の通り「香炉」に見えるのですが、実は未だ正体が分からない、謎の土器のひとつです。縄文時代晩期の、是川中居遺跡出土。「同じような形のものは、全体から見れば少数ですが出土しています。形で共通しているのは、大きな口がふたつついていること。〝香炉形〟と言っていますが、中に煤はついてなくて、なにかを燃やしたりした形跡はほとんど認められません。飾っておくための土器かもしれません」（小久保さん）

是川縄文館に展示されている類品を見ると、どれにもうねり絡まる複雑な透かし模様が施されており、ふたつの大きな口があいています。実用的な土器以上に手間と情熱をかけて製作したものであることはまちがいありません。

月明かりもない暗闇の下、この土器の中に小さな火を灯したら、隙間から漏れる揺れる光は、さぞ幻想的だろうな……そんな空想にふけってみましたが、灯油も蠟燭もない時代のこと。ましてや中で物を燃やした形跡もないとするならば、まったくの見当違いでした。

用途がわからないというのに、この土器が内に抱く強烈な存在感は、見る者の目を釘付けにして離しません。丁寧に透かし彫りされた入組文、大きくあいたふたつの口。なによりその密教の仏具のような形は、神前に捧げる高坏のような、日常とはかけ離れた高い精神性を感じさせます。縄文人たちは、現代の私たちが想像もつかないような、素敵な使い方をしていたのかもしれません。

《香炉形土器》　八戸市是川中居遺跡　晩期　高 12.6cm
八戸市埋蔵文化財センター　是川縄文館

名峰岩木山を間近に望む、北東麓の気持ちのよい丘陵に、大森勝山遺跡があります。晩期の遺跡で、大規模な環状列石が発見されたほか、大型竪穴建物跡も見つかっています。現在は埋め戻されて、草原が広がっていますが、ここから望む岩木山の勇姿は格別。

ストーン・サークルは、円丘状に盛り土したまわりに、長径四十八メートルもある大きな楕円形のもので、七十七基の組石で構築されていたそうです。また大型竪穴住居は、ほぼ円形で直径は十三・七メートルもありました。他に住居跡が見つかっていないことから、特別な祭祀空間であったことが予想されます。

環状列石を伴う遺跡として、小牧野遺跡や秋田県の大湯環状列石と並んで、北東北の縄文文化を語る上でとても貴重な遺跡なのです。

遺跡巡り③

霊峰を望む環状列石

大森勝山遺跡

土面の風貌

《鼻曲がり土面》　六ヶ所村上尾駮（かみおぶち）（1）遺跡　晩期　長 14cm
青森県埋蔵文化財調査センター所蔵／青森県立郷土館

《土面》　五所川原市五月女萢（そとめやち）遺跡　晩期　幅 12cm　五所川原市教育委員会

土面の鼻筋

《五所川原市教委は3日、同市相内の五月女萢《そとめやち》遺跡で、底部が人の顔の形をした縄文時代晩期の土器が見つかったと発表した。顔の上部は欠け、幅約12センチ、高さ約7センチ。鼻の部分が出っ張っているため平面に置くことができない……》（毎日新聞　２０１３年9月4日）

ちょうど取材で青森に滞在していたとき、こんなニュースが流れ、すぐに駆けつけました。場所は津軽半島北部、十三湖の北岸に位置する五月女萢遺跡。発掘にあたっている五所川原市教育委員会の榊原滋高さんを訪ねると、出てきたばかりの「土面」を、両手でそっと包んで、見せてくれました。それが前頁の写真。

残念ながら顔の上半分は失われていますが、湾曲した黒い肌に、ベンガラが鮮やかに残っています。片方だけ残った右目は、遮光器土偶を思わせる厚ぼったい瞼に挟まれており、二千五百年の永い眠りから覚まされて、眩しそうに細められています。

新聞記事では「人面付浅鉢」と発表されましたが、これは鉢ではなく「土面だ」と見る人も多いようです。

鉢であれ、土面であれ、この「顔」からは、今まで見た土偶や土面に表現された縄文の「風貌」とは明らかに違う印象を受けました。まるで胎児の顔のような……その原因は、リアルに表現された鼻筋だと感じました。土偶など晩期に表現された人の顔は、目にしろ鼻にしろ、どこか人間離れしていて、抽象化されていることが多いようです。そもそも〝人ではないもの〟を表現しているのかもしれませんが。それだけに、この土面の写実的に表現された鼻が、どこか違った印象を与えているのかもしれません。

榊原さんにお願いして、発掘現場に行ってみました。五月女萢遺跡は、海から少し入り込んだ、櫛形に発達した縦列砂丘の内陸先端付近にあります。発掘は現在進行中で、掘り込まれた土肌には、剝き出しの土器や破片が顔を出していました。

「ここからは環状に配された土坑墓が百七十基も確認されています。これだけ大規模な墓域があるのに、不思議なことに近くから住居跡は、今のところ見つかっていません」（榊原さん）

さて、土面に話を戻しましょう。

98頁に紹介した「鼻曲がり土面」は、六ヶ所村上尾駮《かみおぶち》(1)遺跡(晩期)出土で、県立郷土館に展示されていたものです。

眉と鼻の先が、まるで回転するかのように同じ方向にたなびくこのデザイン、一見〝ひょっとこ〟みたいな道化面に見えましたが、

「恍惚状態に入った縄文のシャーマンを示しているものとの説があります。同じ表情のものが岩手県からも出土しています」

と岡田さんは解説してくれました。縄文のシャーマンは障害者だった、との説もあるそうです。いずれにせよ、道化などではなく、神聖な力を宿す英雄のシンボルだったのでしょう。

五月女萢遺跡の全景（上）と発掘現場（中）。
発掘現場には、土器が露出していた（下）。

土偶博覧会

《大型板状土偶》 青森市三内丸山遺跡 中期 高 32cm
青森県立郷土館所蔵／さんまるミュージアム

三沢市歴史民俗資料館に「北日本最古級の土偶」が展示されていました(左)。根井沼(1)遺跡出土、縄文時代早期のものですが、「土偶」だと説明がなければ、そんなふうには見えないかもしれません。

　右は、三内丸山遺跡から出た「板状《ばんじょう》土偶」。この地方の土偶というと、亀ヶ岡文化圏の、ふっくらと丸みを帯びた「遮光器土偶」を連想しがちですが、それはもっと時代が下ってからのこと。縄文時代中期に円筒土器文化圏に登場したのは、十字形の薄い板状に作られた「板状土偶」でした。後期になると、顔の表情や乳房などがだんだん立体的に進化してゆきます。

　さて、土偶といえば、頭部や手足が欠損した状態で出土することが多く、意図的に壊されたものだという説があります。しかし、必ずしもそうではないと、八戸市博物館の小笠原さんは言います。

「今、子供たちに板状土偶を作らせると、長方形の粘土板からこの形を切り抜こうとします。しかし、縄文人たちは、串でつないだり、嵌め込み式になっていたりと、頭や手足のパーツを別々に作ってから、胴体に継ぎ合わせて作っているものもあるんです。壊れた後も、アスファルトでつなぎ合わせて、大切にしていたことが窺えるものもあります。少なくとも、この時期の土偶は、壊すことを前提にしているようには思えない」

　どちらにしても、縄文人たちの精神生活に、とても深く土偶が関わっていたことはまちがいありません。

　三内丸山遺跡からは、右の「大型板状土偶」を筆頭に、二千点以上もの土偶が出土しています。次頁に、そのほんの一部を並べてみました。耳を澄ましてみてください。わいわいがやがや、土偶たちのつぶやきが聞こえてきそうです。

103　《北日本最古級の土偶》　三沢市根井沼(1)遺跡　早期　高約3cm　三沢市歴史民俗資料館

さんまるミュージアムに
展示された板状土偶たち。

土偶のパンツ

先にも紹介しましたが、三内丸山遺跡から出土したこの「大型板状土偶」、身長は32センチもあります。このての板状土偶の中では最大のものです。

考古学的にはたくさんの語るべき観点があるのでしょうが、どうしても気になったのは、彼女の下半身でした。臍の丸い突起の下、腰の部分には、逆三角形のパンツのような形が描かれています。よくよく見ると、そこには縦方向の細かな線がたくさん刻まれているではありませんか。

これはもしかしたら、陰毛？

「そんなところばかり見ないで」と抗議するように、丸く大きく開いた口の穴は、喉から胸、お腹を通って股の付け根、つまりお尻まで貫通しています。生命をつなぐための身体構造が、土偶にも与えられていたのです。

《大型板状土偶》の下半身と上半身。下腹部には陰毛のような線刻が描かれている。

手足が伸びた！

《土偶》　青森市近野遺跡　後期
高 22cm　青森県立郷土館

《土偶》　六ヶ所村大石平遺跡　後期
高 20.4cm　青森県立郷土館

〝陣痛〟土偶

前頁のふたつの土偶。どちらも「板状土偶」の発展形です。後期になると手足がはっきりとつくようになり、首が伸びて、顔も立体的で表情豊かに表現されることが多くなります。平面的な十字形だった板状土偶が、自分で大きく息を吸って立体的にふくれあがり、力を込めて内側から頭と手足を押し出したかのよう。妙にアンバランスでありながら、土偶自身の強い意志を感じさせる造形です。

　これは、是川縄文館に展示されている土偶の一つ。是川中居遺跡出土の、縄文時代晩期の土偶です。

　自立はできないので、ケースの中では後ろから支えられて、立った状態で展示されていました。しかし、撮影のために出してもらったとき、なんとなく寝させてみたくなったのです。たぶん、脚の形、膝の微妙な曲げ具合が、そんなことを思

《土偶》　八戸市是川中居遺跡　晩期　高 15.2cm　八戸市埋蔵文化財センター　是川縄文館

わせたのでしょう。

土偶が女性、それも妊婦の形を象徴していることは、よく知られています。とはいえ、その表現方法は、時代によって、また地方によって、実に様々。国宝に指定されている、長野県棚畑遺跡や、山形県西ノ前遺跡出土の「縄文のビーナス」に比べると、これはいかにも泥臭い印象ではありますが、こうして横たえてみると、今にも産まれそうな切迫感が伝わってきて、妊婦の荒い息づかいまで聞こえてきそう。切なげな目元も印象的です。

この地方では、晩期になると様式化された遮光器土偶が主流になります。次頁の「合掌土偶」や「頬杖土偶」など、人の営みを具象的に象った、もうひとつの土偶の潮流もありますが、この土偶からは、それともまた違った、妙に生々しい、強烈な印象を受けたのでした。

〝しぐさ〟をもつ土偶

後期後半になると、様相の違う土偶が出現します。〝体育座り〟して、頬杖をついたり、なにかを祈るかのように合掌したり。土偶が人のような〝しぐさ〟を持ち始めたのです。左頁の国宝「合掌土偶」は、住居跡の中からみつかったもので、壊れた部分はアスファルトできれいに補修されていました。「形代」として壊されることを前提に製作された土偶とは一線を画し、この時代には土偶の新しい使命が生まれたのかもしれません。

《頬杖土偶》　八戸市風張（1）遺跡
後期　高 14.1cm　八戸市埋蔵文化財センター　是川縄文館

《腕を組み座る土偶》
田子町野面平遺跡　後期
高 8.2cm　弘前大学人文学部附属亀ヶ岡文化研究センター
撮影：筒口直弘

《合掌土偶》　八戸市風張（1）遺跡　後期　高 19.8cm　八戸市埋蔵文化財センター　是川縄文館

遮光器土偶の登場

《遮光器土偶》　三戸町八日町遺跡　晩期　高 20.4cm　風韻堂コレクション／青森県立郷土館

晩期になると、亀ヶ岡文化圏に〝遮光器土偶〟が出現します。大きく見開いていながら、細く一文字に表現された目。その形が、イヌイットが雪原に出るときに使う遮光器（サングラスのようなもの）に似ているので「遮光器土偶」と命名されました。体型はふっくら豊満になって、頭髪や乳房、手足の表現が豊かになり、ディテイルはより具象的になったのですが、全体像の印象は、宇宙人を連想させます。

是川縄文館に展示されている晩期の土偶の頭部を、次頁に並べてみました。前に紹介した三内丸山遺跡の板状土偶の集合とはちょっと違う、闇の中で火を囲んで語り合うような、密やかな会話が聞こえてきそうです。

是川縄文館に展示されている晩期の土偶たち。

遺跡巡り④

〝しゃこちゃん〟の故郷 亀ヶ岡石器時代遺跡と田小屋野貝塚

世界ブランド

「土偶」と聞いて、多くの人がまず思い浮かべるのは、つがる市の亀ヶ岡石器時代遺跡出土の「遮光器土偶」ではないでしょうか。残念ながら、この土偶の代名詞ともいえる有名な片足の土偶は青森県内にはなく、東京国立博物館で展示されています。

代わりに、というわけでもないのでしょうが、現地のつがる市を訪ねると、あちこちで遮光器土偶をキャラクター化した、通称〝しゃこちゃん〟が出迎えてくれます。まずは、亀ヶ岡遺跡最寄りの、JR五能線「木造《きづくり》」駅の駅舎にでーんと構えた、巨大レプリカ（上）。この巨人の〝しゃこちゃん〟、列車が近づくと、その細い目から閃光を発します。

JR五能線「木造」駅舎に立つ遮光器土偶。
「しゃこちゃん」の愛称で親しまれている。

［右］亀ヶ岡石器時代遺跡の〝しゃこちゃん広場〟のシンボル、遮光器土偶の像。
［左］田小屋野貝塚のあたり。今は畑に埋め戻されている。

亀ヶ岡石器時代遺跡は、古くからその存在が知られており、「甕がたくさん出る岡」「甕ヶ岡」が、いつしか「亀ヶ岡」と呼ばれるようになったといいます。すでに江戸時代の記録にも残っており、その優れた出土品は、滝沢馬琴らが参加した鑑賞会の記録『耽奇漫録』に紹介されています。日本国内のみならず、多くの出土物が長崎の出島から海外にも流出して、広くその名を世界に知られるようになりました。しかし、一方で質の高い遺物ほど、各地に離散してしまうという、皮肉な結果を招くことになったのです。

亀ヶ岡遺跡の中心部には、御影石製の堂々たる〝しゃこちゃん〟の像が、眼前に広がる田園風景を睥睨していますが、遺跡自体は、すぐ近くの田小屋野貝塚も含め、民家や田畑の下で静かに眠っています。

田小屋野貝塚は、日本海側の、しかも内陸に残る希少な貝塚として知られています。円筒土器文化の貝塚を伴う集落跡で、出土した魚貝や鳥、クジラの骨などが、人々の暮らしぶりを雄弁に物語っています。ベンケイガイ製のブレスレットの製造拠点であったことでも注目された場所。

両遺跡の出土物は、遺跡近くの「縄文館」と木造市街の「縄文住居展示資料館カルコ」で見る事ができますが、世界にその名を轟かせる亀ヶ岡文化発祥の地として、今、総合展示施設の計画が進んでいると聞きました。本物の〝しゃこちゃん〟も、故郷の地で展示される日を、心待ちにしていることでしょう。

遺跡巡り⑤

亀ヶ岡文化の至宝

是川石器時代遺跡

是川石器時代遺跡の碑が建つ公園から遺跡全景を望む。
中央部右から左に新井田川が流れている。
正面に中居遺跡、手前の斜面に一王寺遺跡、左手に堀田遺跡、
川を挟んだ向かいの丘陵に風張（1）遺跡があるが、
どこも田畑や住宅地になっている。

亀ヶ岡文化満開

ここまでにも何度も登場してきた是川遺跡。八戸市の南の郊外、新井《にい》田《だ》川左岸に位置する、縄文時代前期から晩期にかけての遺跡群――中居遺跡、堀田遺跡、一王寺遺跡などの総称で、特に晩期の亀ヶ岡文化を代表する非常に洗練された土器、土偶、そして漆製品が、良い保存状態のまま多数出土していることで知られています。

遺跡の全貌は、資料を展示する是川縄文館の背後に緩やかに広がる丘の上から展望できますが、亀ヶ岡遺跡同様、現在は田畑や民家などの下に埋っていて、特に公園として整備されているわけではありません。しかし、幸いなことに、早い時期に遺跡調査がなされ、出土遺物が一括して保管されたことにより、散逸することなくまとまっています。

この土地の所有者だった泉山岩次《いわじ》郎《ろう》、斐次《あやじ》郎《ろう》兄弟によって、是川遺跡の本格的な発掘が行われたのは、大正9（1920）年のこと。出土遺物はまとめて大切に保管され、昭和36（1961）年、一括して八戸市に寄贈されました。対岸の風張（1）遺跡の遺物も含め、その出土資料が2011年に開館した「是川縄文館」で展示されています。

復元された竪穴住居などが建つ中居遺跡には、「是川縄文館分館」があって、泉山兄弟の資料などを展示しています。

是川縄文館を代表する遺物は、国宝に指定されている「合掌土偶」（113頁）でしょう。「国宝展示室」の広いスペースの真ん中にひとり、鎮座しています。

しかし、合掌土偶だけではありません。約千六百点の重要文化財を含むコレクションの精華を、同館では「漆の美」「是川の美」「風張の美」の三つのコーナーに分けて、展示しています。縄文のイメージを覆すような美しい造形の数々を、ぜひご覧下さい。

是川中居遺跡に復元された竪穴住居。

是川縄文館の展示室。上は「漆の美」、下は「是川の美」「風張の美」。
下の写真の左奥に合掌土偶を展示する国宝展示室がある。

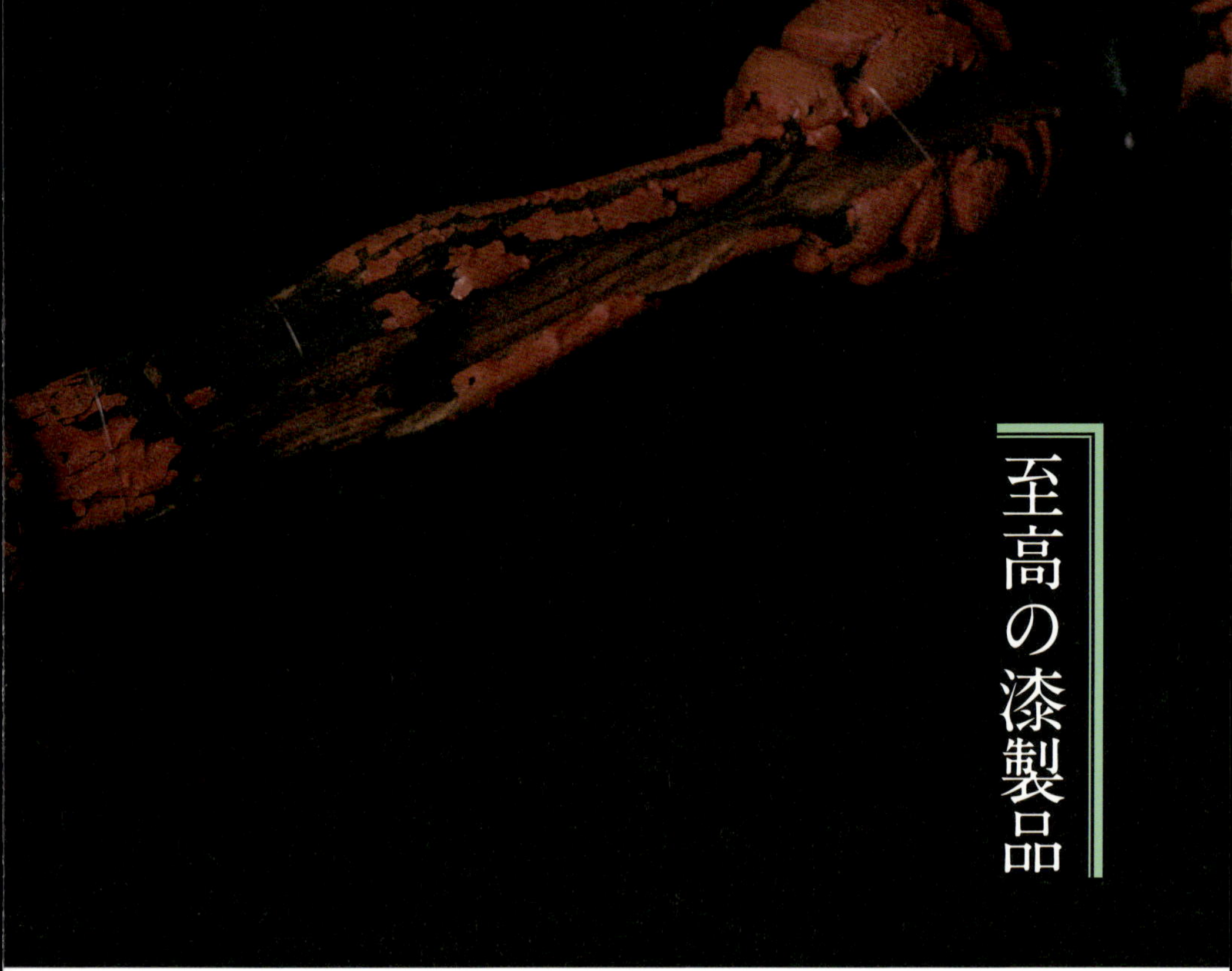

至高の漆製品

《飾り太刀》　八戸市是川中居遺跡　晩期　長 67cm　八戸市埋蔵文化財センター　是川縄文館
写真提供：八戸市埋蔵文化財センター　是川縄文館（下）

漆の魔力

是川遺跡を代表する遺物に、漆製品があります。縄文晩期、今から三千年もの昔に、人々は土器や木製品を漆で赤や黒に染めていました。漆には装飾だけでなく、強度や耐久性を増す効果もありますが、やはり漆の被膜が生み出す底知れぬ深い色に魅了されます。

これは「飾り太刀」とされています。弓なりに反った形が刀剣を思わせますが、木製で、もちろん刃はありません。長さは六十七センチ。

「はじめは〝麈尾《しゅび》様木製品〟と名付けられました。〝麈尾〟とは僧侶が持つ、鹿の尾の毛をつけた刷毛のような仏具のことですが、わかりにくいのと、この反り具合から〝太刀〟としています。太刀というよりは、〝儀杖〟だったのかもしれません」

小久保さんにそう指摘された時、この杖を握って人々の前に立つ、白い髭の長老の姿が目に浮かびました。左手に握った、もっと鮮やかな朱色だったはずの杖を高々と掲げ、よく通る声で人々を鼓舞する姿……漆は富や権力、あるいは神聖な呪力の象徴だったのかもしれません。漆の持つ不思議な力を〝魔力〟に転化させた〝魔法の杖〟に見えてきました。

勇者の証し

これは漆を塗った弓。白木の弓もありますが、是川中居遺跡から出土した弓は、ほとんどが漆塗りだったそうです。小久保さんは「是川遺跡では、漆は実用、白木は儀式用」だといいます。漆の方が手間もかかり、見た目も美しいので儀式には似合いそうですが、その塗装効果を考えると、強力な力が加わって折れたり割れたりしがちな弓の胴を、漆で補強したのは、とても合理的なこと。「漆は装飾と実用性、耐久性の両方を兼ね備えていたのです。材はニシキギ属の木などを使っています。内側に縦に彫られた樋《とい》(溝)は、弓を引いた力をまっすぐに伝えるためのものと考えられています。力のかかるところにはヤマザクラの樹皮を巻いて補強してあります」(小久保さん)

ヤマザクラの樹皮のテープのたるみ具合からすると、弓の本体は二千年以上の時を経てかなり痩せてしまっているようで、本来はもっと太かったのかもしれません。「これは長さ七十センチ以上ある大きなもので、かなりの強弓です。この弓を引くには、相当の力が必要だったでしょう」(小久保さん)

想像してみてください。長い髪を後ろで束ねた、肩幅の広い青年が、この弓を目一杯引き絞る姿を。狙いを付けたのは、大きなクマ——時代は前後しますが、あの「狩猟文土器」(36〜39頁)に描かれた場面を彷彿させます。

朱塗りの弓は勇者の証し——などと考えてみましたが、もしかしたら案外、あたりまえに使っていたのかもしれません。

《弓》 八戸市是川中居遺跡 晩期 長70.4cm 八戸市埋蔵文化財センター 是川縄文館
写真提供：八戸市埋蔵文化財センター 是川縄文館（左頁）

大切な人に

是川中居遺跡には、低湿地があるため、漆製品が鮮やかな色を残したまま、三千年の時をくぐり抜けることができました。

櫛というものは、硬い材質の木材を薄い板にして、細い櫛引の鋸で歯をつけるもの、という先入観があったのですが、作り方は全然違いました。

「ヒゴ状の細い棒を平らに束ね、根元を漆で固めて作っています。〝結歯式《けっししき》〟といいます」（小久保さん）

単に束ねただけでなく、胴の部分には様々な装飾が施されています。髪を梳《す》くだけではなく、頭に挿す簪《かんざし》としても使っていたのでしょう。

左は七戸町の二ツ森貝塚出土の、鹿角製櫛。中居遺跡の漆の櫛より二千五百年ほど前の時代、縄文前期の終わり頃のも

《赤漆塗り櫛》　八戸市是川中居遺跡　晩期　長（右から）7.9／12／8.2cm
八戸市埋蔵文化財センター　是川縄文館

のです。こちらは〝結歯式〟ではなく、歯の一本一本を丹念に削り出しています。歯だけではなく、胴の部分の装飾も削り出し。鹿の角を薄い板状に割って、カリカリと何日もかけて削ったのでしょう。とても素敵なデザインです。

漆にしろ、鹿角にしろ、作った人は、誰がこの櫛を身につけるのか、知っていたのでしょうか。もしそれが男性で、自分の想い人のために作ったのだとしたら、素敵なはなしではありませんか。

いずれにせよ、櫛や簪は日本女性のお洒落に必須のアイテムだったはず。その伝統は、はるか三千年以上前にまでさかのぼることができるのです。

こんなに洒落たデザインの髪飾りをつけていたのですから、きっと衣服も髪型も、私たちの想像以上に洗練されていたに違いありません。母から娘へ、何代にもわたって受け継がれたのでしょう。

《鹿角製櫛》　七戸町二ツ森貝塚　前期　長 11.2cm
青森県埋蔵文化財調査センター所蔵／青森県立郷土館　撮影：筒口直弘

ハレの装い

漆のブレスレット。直径は七センチ強で、現代人でも小柄な女性なら、腕に通すことができそうです。

「外側の朱色の漆が剝げて、下地の黒漆が出てきていますね。その効果を狙って、塗り重ねていたのかもしれません」（小久保さん）

これはもう、漆器ファン垂涎の、使い込まれた〝根来塗り〟の世界です。

腕輪には、木から削り出したものや、粘土を焼いた土製のものもありますが、これはマタタビの蔓を曲げて作ってあるそうです。

指輪のなかった時代、漆のブレスレットは、エンゲージリングの役割をはたしていたのではないか……そんなことを思わせる、清楚な輝きを発しています。

《腕輪》　八戸市是川中居遺跡　晩期　径 7.7cm　八戸市埋蔵文化財センター　是川縄文館

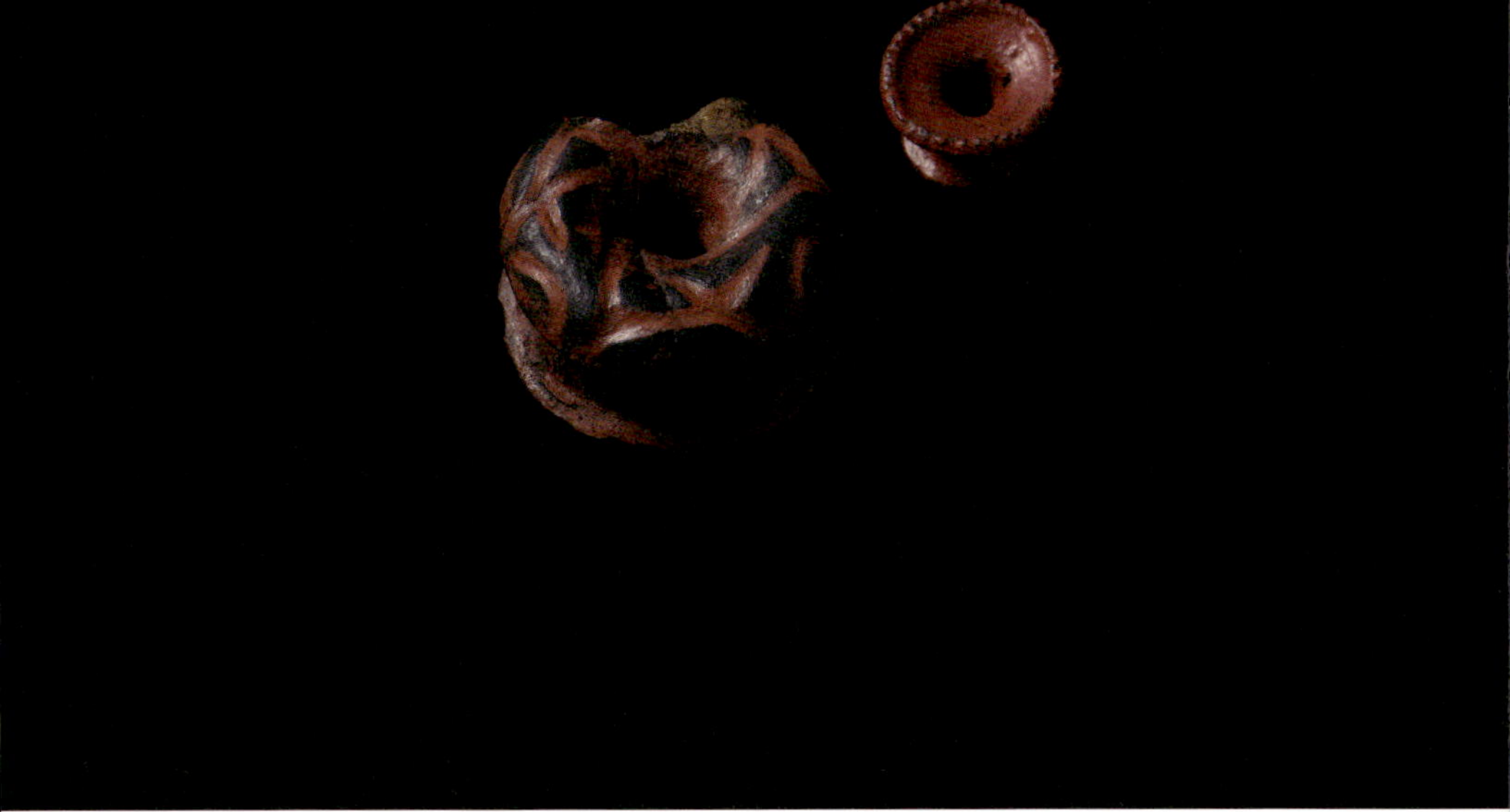

耳飾りも縄文の女性たちの大事な装飾品でした。

小さい方の直径は一・四センチ、大きい方は二・七センチもあります。耳にピアス用の小さな穴をあけ、年齢を重ねるにつれ徐々に大きくしていって、耳飾りも大きなものをつけるようになったのでしょう。

「これは縄文の耳飾りの中でも、かなり小型なものです。若い女性が使ったものでしょう。大きい方はトチノキから削り出したものだと判明しています。小さい方の材質は、まだわかっていませんが、縁に刻まれた細かな飾りは、トチノキでは出せません。マユミかアズサのような木を使ったのではないでしょうか」(小久保さん)

粘土製の輪っかに精緻な文様を刻んで焼いた耳飾りも多数出土していますが、美しさでは漆製品には敵いません。普段は土製、祭などここいちばんのお洒落のときに、漆のものを使い分けていたのでしょうか。

131　《耳飾り》　八戸市是川中居遺跡　晩期　径 2.7 ／ 1.4cm　八戸市埋蔵文化財センター　是川縄文館

寄り添って奏でる音

是川中居遺跡からは、保存状態の良い木製品も多数出土しています。これは「篦形木製品《へらがた》」。はっきりとした用途はわかっていませんが、〝縄文琴〟だったとの説が有力。

ヘッド部分に付いた二本の突起は、糸巻きで、先端にも弦を通したかのような二つの溝が刻まれています。もしこれが本当に〝縄文琴〟なのだとしたら、その音色がとても気になります。弦は人の頭髪か動物の毛を撚ったもの、あるいは植物繊維だったのでしょうか。

胴の材質はスギであることが判明しているそうですが、当時のこの地方にスギはなかったはずなので、どこか遠くから持ち込まれたもののようです。

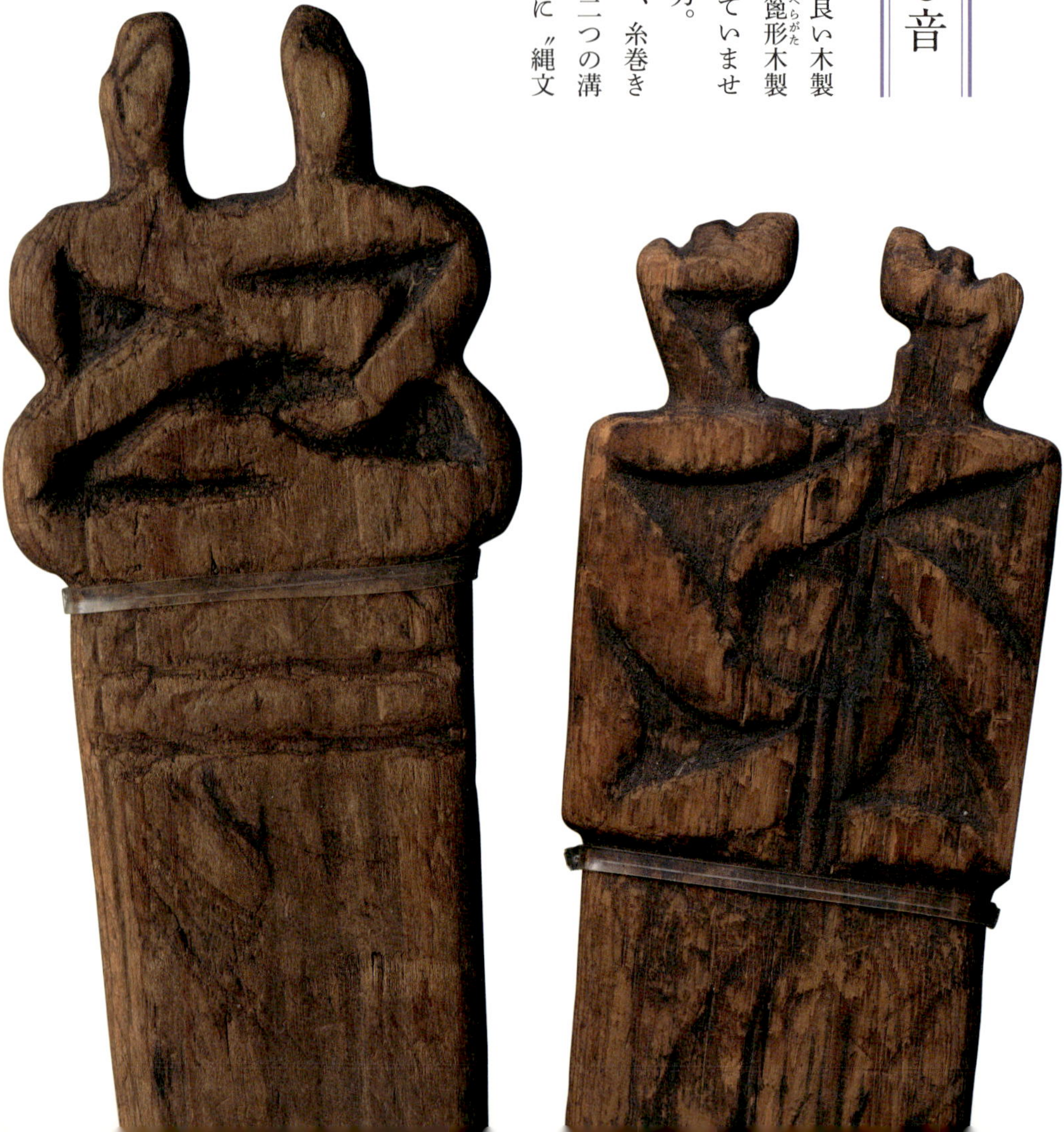

最初にこの木製品を見たときには、楽器であるなんて想像もしませんでした。それよりも、ヘッド部分に施された彫刻が、いったい何を意味するのか、そちらの方が気になったのです。

「これは縄文時代晩期のはじめに流行った文様で、三叉文、入組み文と呼ばれるものの変形です。具象的な形を描いたものではないでしょう」

と小久保さんは解説してくれましたが、第一印象は向かい合って手足を絡ませるひと組の男女。「琴瑟《きんしつ》」という言葉がぴったりの、柔らかな音色を奏でそうです。

《篦形木製品》 八戸市是川中居遺跡 晩期 長22.4／54.1cm
八戸市埋蔵文化財センター 是川縄文館

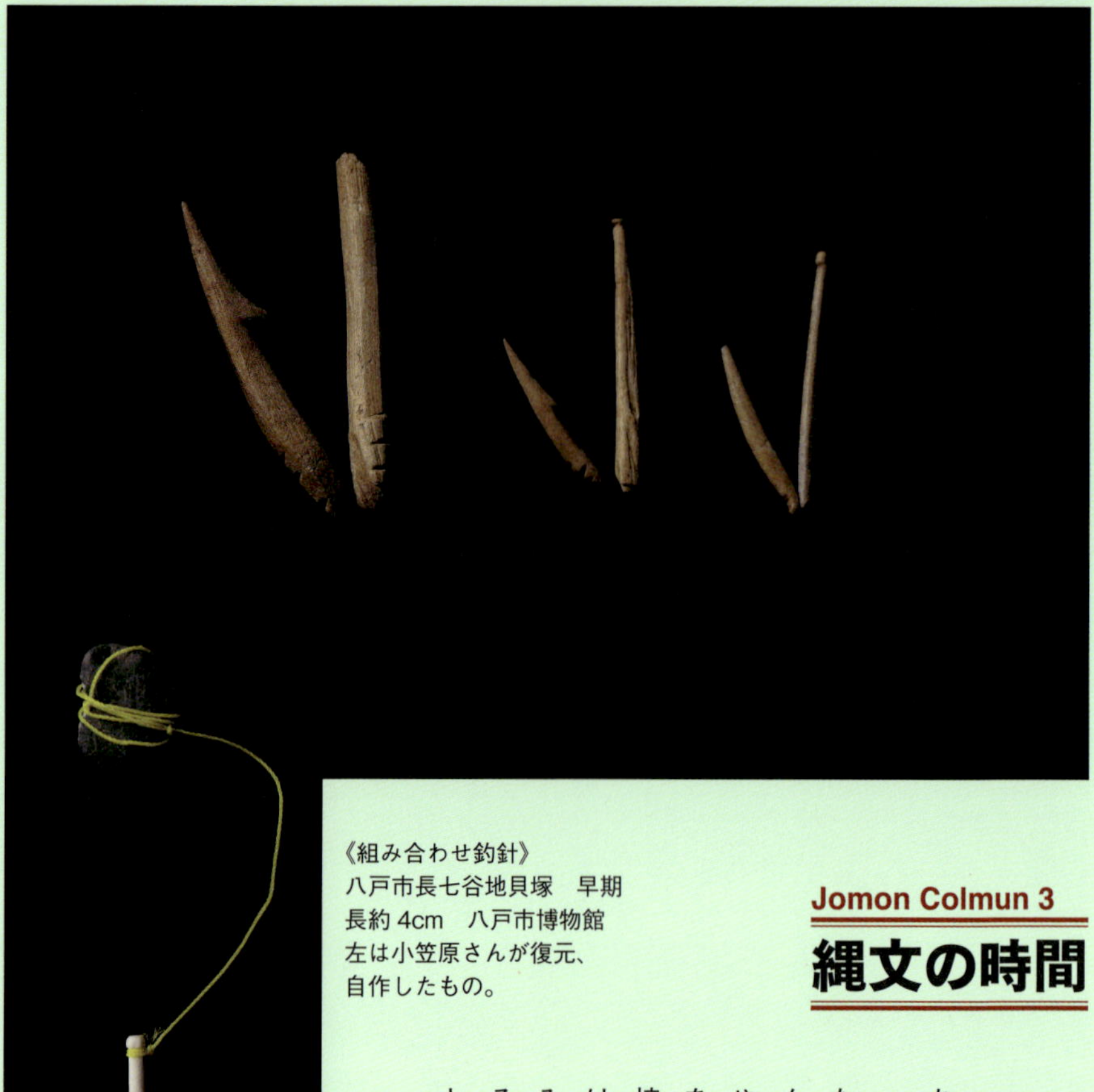

《組み合わせ釣針》
八戸市長七谷地貝塚　早期
長約 4cm　八戸市博物館
左は小笠原さんが復元、
自作したもの。

Jomon Colmun 3

縄文の時間

この小さな（約4センチ）釣針、よく見るU字形に湾曲した骨角器とはちょっと形状が異なります。

「丸くU字形に削り出した釣針では、こんなに細く、小さく加工することはできません。できたとしても、強度がなくて、折れやすい。これは2本の細いまっすぐな部材をつないで作った釣針です。V字の根っこ、接合部分には、片方に凹形の、もう片方には凸形の臍が切ってあって、かっちりと組み合わせた上で、細い紐でしばって補強するための溝も切ってあります。強度は十分。とても精巧な仕事がしてあります」

八戸市博物館の小笠原さんは、自分でも鹿の角を削って、同じものを作って試してみたそうです（上）。これなら小さな川魚でも、問題なく釣れそう。

「鹿の角から削り出すのですが、そのままでは硬くて、石器では刃が立ち

《勾玉》 外ヶ浜町宇鉄遺跡 晩期 幅 4.4cm 風韻堂コレクション／青森県立郷土館

ません。最低でも一ヵ月以上、鹿角を水に浸して、ようやく削れるようになりますが、そこからこの形に仕上げるまで、またずいぶん時間がかかるんです」（小笠原さん）

たった1本の釣針を作るのに、何ヵ月もの時間を割く。気の長い話だな、と思うのは現代人の感覚で、縄文の人たちにとっては、あたりまえの時間なのでしょう。

翡翠を削って作った玉製品の場合、たったひとつの穴をあけるのに、いったいどれくらいの時間がかかったことか。木や竹、あるいは石錐を使って、石英など硬い粒子をまぶし、摩擦で穴をあけていくそうです。1本の首飾りを完成させるまでに、気の遠くなるような時間を要したことでしょう。

流れている時間は同じはずなのに、時間への身の委ね方は全然違う。自分をこの〝縄文時間〟の中に放り込んだら、きっと世の中の見え方が変わるんだろうな。

勾玉の穴から覗き見た世界——そこには私たちが経験したことのない、素敵な時間が流れているに違いありません。

青森縄文ツアー

青森市内編

青森縄文ツアーの起点は、市内の中心部にある**青森県立郷土館**から始めましょう。市街地の真ん中に建つ博物館で、最古の土器片、尖底土器、狩猟文土器、各種動物形土製品、さらに三内丸山遺跡出土の土器から、亀ヶ岡文化の代表作品や、弥生時代に変遷していく過程まで、県内全域の縄文遺跡から出土した各時代の逸品がそろっています。中でも亀ヶ岡文化の精華を集めた「**風韻堂コレクション**」は見逃せません。

郷土館で青森県の縄文文化の流れを通観したら、今度は**三内丸山遺跡**へ。遺跡の入り口に建つ「**縄文時遊館**」には、出土物を展示する「**さんまるミュージアム**」の他、遺跡全体を見渡すジオラマ、体験教室などが開催される施設、レストラン、ミュージアムショップもあります。ミュージアムショップではオリジナルグッズの他、縄文関連の貴重な資料書籍も多数そろっています。

時遊館を出たら、広大な遺跡を巡りましょう。ボランティアのガイドツアーが催されており、詳しく、わかりやすく解説してくれます。

三内丸山遺跡では「お月見コンサート」をはじめ、さまざまなイベントが開催されているので、訪れる際には事前にホームページでチェック。楽しい見学ツアーが期待できます。

青森市内の縄文ポイントで忘れられがちなのが、郊外にある**青森市森林博物館**。映画「八甲田山　死の彷徨」のロケにも使われたという建物は、明治時代の建築。林業の歴史を伝える展示が主で、縄文関連の展示はごく一部ですが、そこには小牧野遺跡の出土品や、甕棺、切断土器など、ちょっと不思議な土器、石器が並んでいます。

森林博物館を出たら、**小牧野遺跡**へ。ここへは車がないとたどりつくのはちょっと困難。野沢の集落から道標に従って林道をたどると、市街地を見渡す気持ちのいい高台に出ます。環状列石はきれいに整備されていて、雪さえなければいつでも見ることができます。傍らの展望台からの風景も素晴らしい。出土品は青森市森林博物館に展示されていますが、現在、遺跡周辺に展示施設の設置が検討されているそうです。

※各施設の休館日、開館時間、入館料などは、季節や行事によって変動があるので、電話、ホームページなどでご確認下さい。

青森県立郷土館

〒030-0802 青森県青森市本町 2-8-14　Tel：017-777-1585

開館時間 ◆ 9 時～ 17 時（夏期は 18 時）
休館日 ◆ HP でご確認下さい。
アクセス ◆ JR 青森駅から徒歩 20 分／ JR 青森駅から市民バス青柳経由本線「ワシントンホテル前」下車徒歩 1 分／国道経由「市役所前」下車、徒歩 8 分。新町経由「新町 2 丁目」下車、徒歩 8 分

⇨ p6-7, 10-11, 18, 19, 20-21, 30-31, 34-35, 36, 38-39, 45, 50-51, 68-69, 79, 80-81, 82-83, 85, 86, 92-93, 98, 108-109, 114-115, 116

三内丸山遺跡

〒038-0031 青森県青森市三内丸山 305　Tel：017-781-6078

開館時間 ◆ 9 時～ 17 時（夏期は 18 時）
休館日 ◆ 年末年始（12/30 ～ 1/1）
アクセス ◆ JR 青森駅から車で約 20 分／JR 青森駅から市営バス「運転免許センター」行き「三内丸山遺跡」下車／ JR 新青森駅から車で約 10 分／ JR 新青森駅南口からねぶたん号（シャトル de ルートバス）「三内丸山遺跡」下車

⇨ p24-25, 30-31, 32-33, 52-65, 102, 104-105, 106-107

青森市森林博物館

〒038-0012 青森県青森市柳川 2-4-37　Tel：017-766-7800

開館時間 ◆ 9 時～ 16 時 30 分
休館日 ◆ 毎週月曜日（休日の場合はその翌日）／年末年始
アクセス ◆ JR 青森駅から徒歩約 15 分／ JR 青森駅から市営バス「野木和団地・後潟方面」行き「森林博物館前」下車

⇨ p37, 38-39, 74-75, 84, 87

小牧野遺跡

青森県青森市大字野沢字小牧野　Tel：017-766-7800（青森市森林博物館）

見学時期 ◆ 4 月中旬～１１月中旬
※冬季は降雪のため見学できません。
アクセス ◆ 東北自動車道 青森中央 I.C. から車で約 20 分／ JR 東北本線 青森駅から車で約 30 分／青森市営バス 古川 3 番バス停から大柳辺行き「野沢」下車、徒歩約 20 分

⇨ p70-73

津軽編

まず最初に、最古の土器が出土した**大平山元Ｉ遺跡**を訪ねましょう。津軽半島の東側を外ヶ浜町蟹田まで北上して、そこからＪＲ津軽線に沿って西へ入ったところ。半島の突端へ至る道路と、東岸に向かうやまなみラインの三叉路のあたりが遺跡地帯。遺跡は民家や田畑になっていますが、道路沿いに小さな博物館「**大山ふるさと資料館**」があります。旧石器時代の石器から縄文草創期の土器片などが展示されています。

津軽半島を西に抜けると十三湖の東岸に出ます。ここは中世の交易の拠点「十三湊」があった風光明媚な地。**五月女萢遺跡**は湖の北岸に位置します。縄文人たちにとって、湖の幸は大切な食料だったことでしょう。名産のシジミをぜひご賞味下さい。

ここから南下して、つがる市木造《きづくり》に向かいます。目指すは、遮光器土偶の石像が建つ〝**しゃこちゃん広場**〟。**亀ヶ岡遺跡**の南東部に位置します。

縄文時代の掉尾を飾る、世界に冠たる亀ヶ岡遺跡は、今は民家や畑の下に、静かに眠っています。

円筒土器文化の貝塚を伴う集落跡として国史跡に指定されている**田小屋野貝塚**もすぐ近く。ベンケイガイ製の貝輪が六十点出土しているのですが、それがみな失敗品や製作途中のものらしいことから、貝輪の製造拠点であったと見られています。

田小屋野貝塚も現在は畑の下。亀ヶ岡遺跡もそうですが、見学の際には畑や私有地に入らないよう、注意しましょう。

両遺跡の出土物は、**縄文館**（つがる市木造亀ヶ岡考古資料室）で見ることができます。展示物は、もともと地元の人たちの畑や田んぼから出てきたものなのか、寄託者別のブロックに分かれており、それぞれにネームプレートが掲げられています。一人一人が大切に守ってきた、あたたかみのあるコレクションに出会えます。

もうひとつ、木造町の中心街に「**つがる市縄文住居展示資料館カルコ**」があります。復元された住居の住人が、古代語で語りかけてきてびっくり！　土器や土偶、籃胎漆器など、亀ヶ岡遺跡をはじめ、つがる市の遺跡の貴重な出土物に出会えます。

さらに南下して**大森勝山遺跡**へ。遺跡は岩木山の裾野に広がるリンゴ畑より一段高いところに位置します。真正面に望む岩木山の勇姿は絶景！

大山ふるさと資料館

〒030-1307　青森県東津軽郡外ヶ浜町字蟹田大平沢辺 34-3
TEL:0174-22-2577

管理者 ◆ 外ヶ浜町教育委員会
TEL: 0174-31-1233
開館時間 ◆ 9時～16時
休館日 ◆ 月曜日（休日の場合は翌日）、年末年始
アクセス ◆ JR津軽線「大平」駅から徒歩5分／JR津軽線「蟹田」駅から車で10分

縄文館
（つがる市木造亀ヶ岡考古資料室）

〒038-3283　青森県つがる市木造館岡屛風山 195
TEL: 0173-45-3450

開館時間 ◆ 9時～16時
休館日 ◆ 月曜、祝日の翌日
アクセス ◆ JR五所川原駅から弘南バス小泊線（十三経由）で30分、「館岡」下車、徒歩15分

つがる市縄文住居展示資料館カルコ

〒038-3138 青森県つがる市木造若緑 59-1
TEL: 0173-42-6490

開館時間 ◆ 9時～16時
休館日 ◆ 月曜、祝日の翌日、年末年始
アクセス ◆ JR木造駅から徒歩12分／東北自動車道浪岡I.C. から国道101号経由40分

大森勝山遺跡

青森県弘前市大字大森字勝山
TEL: 0172-82-1642（弘前市教育委員会文化財保護課）

⇨ p96-97

アクセス ◆ 弘前バスターミナルから「鰺ヶ沢・天長園」行き「赤倉神社登山口」下車、徒歩50分
車利用 ◆ 青森駅から約90分、弘前駅から約40分

南部編

県の東部の中心、八戸に来たら、まずは**是川縄文館**へ。２０１１年に新設された施設だけあって、展示にもさまざまな工夫が見られます。縄文時代に親しむ様々な講座や、体験コーナーも充実しています。

是川縄文館のすぐそばに、**中居遺跡**の中心地があって、復元された竪穴住居のほか、発掘に尽力した泉山兄弟の資料を展示する**分館**が設けられています。そこから畑を縫って裏の丘陵地を上っていくと、遺跡全体を見渡す丘の上に、是川遺跡の碑が建っています。

この地方の縄文の全体像をつかむなら、**八戸市博物館**へ。草創期～弥生時代に至るさまざまな遺物を、年代を追って見ることができます。本書で紹介した〝乳房の土器〟をはじめ〝両性具有の石器〟、またキノコ形土製品、ミニチュア土器など、不思議な出土品にも出会えます。

県東部の遺跡では、まず八戸市内の**長七谷地貝塚**を訪ねましょう。工業団地のまんなかにぽっかり開けた台地に、全国でも珍しい縄文時代早期の貝塚があります。埋め戻された貝塚の上を歩いていると、今でも足下に白い貝のかけらが散見できます。ここからは大量の貝殻、魚骨が出土したということで、縄文時代の漁労のようすを知るための、大切な資料になっています。本書で紹介した「組み合わせ釣針」もここの出土。

ちょっと足を伸ばして、七戸町の**二ツ森貝塚**へ。小川原湖西岸に位置し、前期から中期にかけての大規模な貝塚を伴う集落跡が発見されました。ここは遺跡公園として整備されていて、広大な芝生の敷地内には、二棟の竪穴住居が復元されています。129頁で紹介した鹿角製の櫛は、この貝塚から出土したものです。

余裕があったら、**三沢市の歴史民俗資料館**もぜひ訪ねたいスポット。「北日本最古級の土偶」が展示されているほか、縄文時代晩期の赤漆彩色土器を中心とした「野口コレクション」など、三沢市内から出土した先史・古代の出土品を多数展示してあります。すぐ隣に「**寺山修司記念館**」もあるので、あわせてご覧下さい。

下北半島を北上して、六ヶ所村へ。付近には**大石平**、**表館**、**上尾駮**など数々の名品が出土した遺跡があり、「**六ヶ所村立郷土館**」でその出土物を見ることができます。

是川縄文館

〒031-0023　青森県八戸市大字是川字横山 1　TEL：0178-38-9511

開館時間 ◆ 9 時～ 17 時
休館日 ◆ 月曜日（第一月曜日、祝日・振替休日の場合は開館）／祝日・振替休日の翌日（土・日曜日、祝日の場合は開館）／年末年始
アクセス ◆ 八戸自動車道　八戸 I.C. から 10 分／ JR 八戸駅から南部バス「是川縄文館ゆき」ほかバス便あり

⇨ p12, 13, 14-15, 40-41, 42-43, 44, 46-47, 48-49, 94-95, 110-111, 112, 113, 116-117, 120-123, 124-125,126-127, 128-129, 130-131, 132-133

八戸市博物館

〒039-1166 青森県八戸市大字根城字東構 35-1　TEL：0178-44-8111

開館時間 ◆ 9 時～ 17 時
休館日 ◆ 月曜日（ただし第一月曜日および祝日の時は開館）／ 祝日の翌日（土・日曜日の時は開館／ 年末年始
アクセス ◆ 八戸自動車道　八戸 I.C. から約 10 分／ JR 八戸駅前から市営・南部バス「田面木」経由「根城」下車、徒歩 1 分

⇨ p8, 9, 22-23, 26-27, 76-77, 78-79, 88-89, 90-91, 134

長七谷地貝塚

青森県八戸市桔梗野工業団地　TEL: 0178-38-9511（是川縄文館）

アクセス ◆ 八戸自動車道　八戸北 I.C. から 8 分／青い森鉄道「陸奥市川」駅下車、徒歩 25 分／八戸市中心街から八戸市営バス「K68」「H58」「多賀台・八太郎方面」行き「車検登録事務所」下車、徒歩 3 分

二ツ森貝塚

青森県上北郡七戸町字貝塚家ノ前地内
TEL: 0176-62-9702（七戸町教育委員会世界遺産対策室）

アクセス ◆ JR 東北新幹線「七戸十和田」駅から車で約 20 分／青い森鉄道「上北町」駅から車で約 10 分／上北自動車道　上北 I.C. から約 15 分

二ツ森貝塚
至乙供
至野辺地
青い森鉄道
天間東小
二ツ森コミュニティセンター
二ツ森橋
至上北
至上北町
至七戸
七戸川
0 800m
長七谷地貝塚
至おいらせ町
百石道路
桔梗野工業団地
青森陸運支局
陸奥市川駅
陸上自衛隊演習場
至新青森
東北新幹線
八戸北IC
至八戸
0 1000m
是川石器時代遺跡
至八戸市街（八戸市庁）
至八戸市街（八戸高校、長根総合運動公園）
八戸市埋蔵文化財センター
是川縄文館
是川縄文館分館
是川橋
至八戸公園
風張遺跡説明板（長生園前）
是川遺跡記念碑
新井田川
至軽米
是川団地
大間崎
大間町
風間浦村
海峡いさりび公園
下風呂温泉
薬研温泉
奥薬研温泉
薬研渓流
むつ科学技術館
尻屋埼灯台
尻屋崎
恐山
宇曽利山湖
むつ市
円通寺
猿ヶ森砂丘
ヒバ埋没林
東通村
大尽山
釜臥山
川内川渓谷
川内ダム
北洋館
大湊港
オオハクチョウ渡来地
大湊湾
陸奥湾
物見崎
物見埼灯台
金津山
横浜町
吹越烏帽子
六ヶ所村立郷土館
六ヶ所原燃PRセンター
日本原燃
六ヶ所村
むつ小川原港
野辺地湾
夏泊崎
平内町
野辺地町
下北半島縦貫道路
野辺地バイパス
寺山修司記念館
歴史民俗資料館
三沢市の
小川原湖
浅虫温泉
東北新幹線
二ツ森貝塚
七戸町
東北町
三沢空港
三沢市
おいらせ町
第二みちのく道路
十和田市
六戸町
長七谷地貝塚
八戸港
鮫角灯台
八戸市
八戸線
八戸市博物館
是川縄文館
八戸南道路
階上町
階上（種市）岳
五戸町
新郷村
南部町
三戸町
名久井岳
田子町
十和田湖
岩手県
太平洋

北海道
津軽海峡
平舘海峡
日本海
秋田県
0 10 20km
N
小島
至今別
至津軽二股
至中泊
至蟹田
津軽線
大平駅
大平山元Ⅰ遺跡
八幡宮
大平局
大山ふるさと資料館
0 400m
至三厩
青森港
津軽線
青森駅
青森市森林博物館
新青森駅
奥羽本線
青森県立郷土館
東北自動車道青森IC
東北新幹線
市役所
至八戸
青い森鉄道
三内丸山遺跡
陸上自衛隊青森駐屯地
青森県立美術館
青森慈恵会病院
0 1000m
青森自動車道
至十三湖
田小屋野貝塚
亀ヶ岡石器時代遺跡
0 800m
館岡駐在所
館岡郵便局
縄文館
（つがる市木造亀ヶ岡考古資料室）
大溜池
至鰺ヶ沢
至新青森
高田小
東北新幹線
至八戸
堤川
青森空港
林道
青森カントリー倶楽部
0 1000m
小牧野遺跡
竜飛崎灯台
龍飛崎
青函トンネル記念館
高野崎
外ヶ浜町
義経寺
みんまや
今別町
中泊町
小泊岬
四ツ滝山
五所川原市
唐川城跡
大平山元Ⅰ遺跡
大山ふるさと資料館
五月女萢遺跡
外ヶ浜町
十三湖
七里長浜
袴腰岳
大倉岳
蓬田村
中泊町
十二岳
津軽鉄道
青森市
青森市森林博物館
田小屋野貝塚
亀ヶ岡石器時代遺跡
太宰治記念館
稲垣温泉
縄文館
（つがる市木造亀ヶ岡考古資料室）
五所川原
五所川原市
つがる市縄文住居展示資料館カルコ
つがる市
旧平山家
三内丸山遺跡
千畳敷海岸
大戸瀬崎
五能線
津軽富士見湖温泉
鶴田町
小牧野遺跡
浪岡IC
青森空港
鰺ヶ沢温泉
大森勝山遺跡
板柳町
種里城址
笹流山
桝形山
青鹿山
鰺ヶ沢町
岩木山
岩木山神社
津軽岩木スカイライン
藤崎町
深浦町
黄金崎不老ふ死温泉
艫作崎
みちのく温泉
逆川山
赤石渓流
湯段温泉
嶽温泉
百沢温泉
弘前市
弘前城
長勝寺
最勝院
田舎館村
黒石市
黒石IC
温湯温泉
板留温泉
乱岩ノ森
白神温泉郷
西目屋村
落合温泉
南田温泉
平川市
弘南鉄道
大間越街道
十二湖
天狗岳
暗門の滝
目屋ダム
美山湖
大鰐弘前IC
白神岳
摩須賀岳
真瀬岳
青鹿岳
尾太岳
冷水岳
長慶森
三ツ森
大鰐町
大鰐温泉
阿闍羅山
早瀬野ダム
碇ヶ関温泉
碇ヶ関IC
碇ヶ関御関所
古遠部温泉
矢立峠
二ツ森
久六島

協力（順不同）

◆青森県
◆青森県教育庁文化財保護課
◆同・三内丸山遺跡保存活用推進室
◆青森県立郷土館
◆青森県埋蔵文化財調査センター
◆青森市森林博物館
◆青森市教育委員会事務局文化財課
◆八戸市埋蔵文化財センター　是川縄文館
◆八戸市博物館
◆外ヶ浜町教育委員会
◆五所川原市教育委員会
◆つがる市教育委員会
◆三沢市歴史民俗資料館
◆三沢市教育委員会
◆五戸町教育委員会
◆弘前大学人文学部附属
亀ヶ岡文化研究センター

撮影◆広瀬達郎（新潮社写真部）

青《あお》森《もり》縄《じょう》文《もん》王《おう》国《こく》

発行 2014年2月25日
3刷 2021年9月5日

編者　新潮社
発行者　佐藤隆信
発行所　株式会社新潮社
住所　〒162-8711 東京都新宿区矢来町71
電話　編集部 03-3266-5611
読者係 03-3266-5111
http://www.shinchosha.co.jp
印刷所　凸版印刷株式会社
プリンティング・ディレクター　十文字義美
製本所　凸版印刷株式会社

装　幀　新潮社装幀室
地図製作　ジェイ・マップ

ISBN978-4-10-354023-6 C0021